1·2학년 개정 교과서에서 쏙쏙 뽑은

가로
세로 **교과서**
낱말 퍼즐 ①

지경사

〈가로 세로 교과서 낱말 퍼즐〉로 어휘력을 키워 보세요!

"선생님, '점자'가 무슨 뜻이에요?"
"선생님, '죽부인'은 누구를 말하는 거예요?"
"선생님, '까치발'은 까치의 발을 말하는 건가요?"

여러분은 교과서를 읽다가 모르는 낱말이 나와 문장을 이해 못 한 적은 없나요?
선생님의 질문을 이해하지 못해서 엉뚱한 대답을 한 적은 없나요?
시험 문제를 풀다가 낱말의 뜻 하나를 몰라서 틀린 적은 없나요?
평소에 하찮게 생각했던 낱말 하나 때문에 교과서의 내용도, 선생님의 말씀도 이해하기 힘들었던 적은 없나요?

'이런 친구들에게 도움을 줄 수 있는 것이 뭐 없을까?'

고민하다가 만든 책이 바로 이 〈가로 세로 교과서 낱말 퍼즐〉이에요.
'국어, 수학 등 교과서에 나오는 중요한 낱말'을 뽑아 다양한 퍼즐 모형에 담아 보았어요. 놀이하듯 재미있게 풀어 보는 낱말 퍼즐로 인해 즐거움이 생기고, 자신도 모르게 어휘력을 키우고, 교과서의 내용을 더욱 쉽게 이해할 수 있을 거예요. 〈가로 세로 교과서 낱말 퍼즐〉로 낱말의 뜻을 알고, 반대말과 비슷한 말을 익히고, 더불어 영어 단어도 배울 수 있으니 일석삼조가 따로 없네요.

또한 한 단계가 끝날 때마다 익힌 낱말을 활용하여 수수께끼, 속담, 다섯 고개 놀이를 할 수 있는 코너도 마련했어요. 낱말 퍼즐을 다 풀어 본 친구라면 쉽게 알아맞힐 수 있을 거예요. 지금 당장 낱말 퍼즐을 풀고 싶다는 생각이 들지 않나요?

'자음과 모음이 모여서 낱말, 낱말이 모여서 문장, 문장이 모여서 문단, 문단이 모여서 글'이 된다는 사실을 잊지 말고 글의 토대가 되는 낱말 퍼즐을 많이 풀어 보세요.

엮은이 정명숙
(유석 초등 학교 교사)

차례

step 1

step 2

step 3

step 4

step 5

step 6

step 7

step 8

🐻 이 책의 구성 🐻

〈참고 : 1~2학년군 교과서〉

1학년 국어❶-가,나(국어활동❶-가,나), 국어❷-가,나(국어활동❷-가,나)

　　　수학❶(수학 익힘❶), 수학❷(수학 익힘❷)

　　　통합(봄❶, 여름❶, 가을❶, 겨울❶, 학교❶, 가족❶, 이웃❶, 우리나라❶)

2학년 국어❸-가,나(국어활동❸-가,나), 국어❹-가,나(국어활동❹-가,나)

　　　수학❸(수학 익힘❸), 수학❹(수학 익힘❹)

　　　통합(봄❷, 여름❷, 가을❷, 겨울❷, 나❷, 가족❷, 이웃❷, 우리나라❷)

1~4단계 : 1학년 1학기　　　5~8단계 : 1학년 2학기

9~13단계 : 2학년 1학기　　　14~18단계 : 2학년 2학기

〈각 단계별 낱말 퍼즐〉

• 낱말 퍼즐1 – 6문제로 구성(2쪽)　예) 예문 ⑲ 영어 ⑪ 비슷한 말 ⑪ 반대말 속담 속담

• 낱말 퍼즐2 – 7문제로 구성(2쪽)

• 낱말 퍼즐3 – 8문제로 구성(2쪽)

• 수수께끼｜다섯 고개 놀이｜속담 각 1문제로 구성, 정답(2쪽)

1·2학년 교과서에서 쏙쏙 뽑은

가로
세로 **교과서**
낱말 퍼즐

step
1-1   〈사막 여우 모양〉 낱말 퍼즐

🔑 〈가로 열쇠〉

2 한글 자음자 'ㄱ'의 이름. (국어❶-가, 27쪽)

예) ○○, 니은, 디귿, 리을, 미음, 비읍, 시옷, 이응, 지읒, 치읓, 키읔, 티읕, 피읖, 히읗

3 운동을 하기 위하여 만들어 놓은 넓은 마당. (학교❶, 71쪽)

예) 친구들과 학교 ○○○에서 축구를 했어요. 영 playground

5 처음 되는 차례. (수학 익힘❶, 19쪽)

예) ○○ 시간은 국어 시간이에요. 반 마지막 영 first

🔑 〈세로 열쇠〉

1 젖을 먹는 어린 아이. (국어❶-가, 12쪽)

예) 아빠 곰은 뚱뚱해, 엄마 곰은 날씬해, ○○ 곰은 아이 귀여워~ 영 baby

4 늘 친하게 어울려 노는 사람. (학교❶, 56쪽)

예) 바늘, 실, *골무, 다리미, 가위, 자, *인두는 아씨방의 일곱 ○○예요. 비 친구

6 순서가 네 번째인 차례. (수학❶, 33쪽)

예) 첫째, 둘째, 셋째, ○○, 다섯째…… 영 fourth

* **골무** : 바느질할 때 바늘귀를 밀기 위하여 손가락에 끼는 도구.

* **인두** : 바느질할 때 불에 달구어 천의 구김을 펴는 데 쓰는 기구.

〈뱀 모양〉 낱말 퍼즐

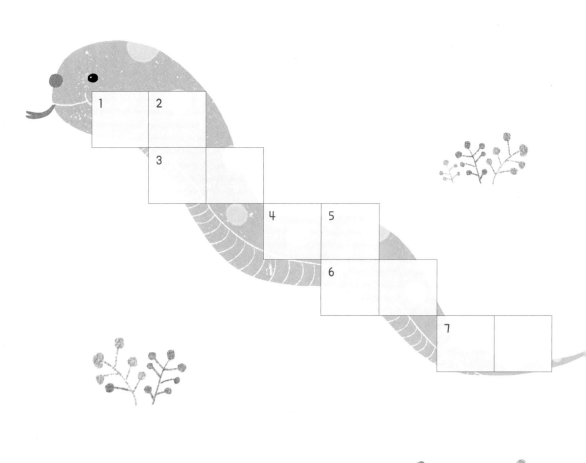

♀ 〈가로 열쇠〉

1 등이 푸른빛을 띤 검은색이고 배는 흰색인 제빗과의 새. (국어❶-가, 20쪽)

　　예) ○○는 착한 흥부에게 박씨를 물어다 주었어요. ㉎ swallow

3 학교에서 학생들이 수업하는 방. (학교❶, 10쪽)

　　예) 1학년 2반 ○○에서 공부를 해요. ㉎ classroom

4 작은북. 우리나라 *타악기의 하나. (학교❶, 57쪽)

　　예) ○○로 박을 치며 노래를 불러 보세요. ㉎ small drum

6 사람이나 화물을 실어 나르는 탈것의 하나. (국어❶-가, 38쪽)

　　예) 장난감 ○○가 칙칙 떠나간다. 과자와 사탕을 싣고서~ ㉑ 열차　㉎ train

7 포도나무의 열매. (국어 활동❶-가, 33쪽)

　　예) 포도나무에 탐스러운 ○○가 주렁주렁 열렸어요. ㉎ grape

♀ 〈세로 열쇠〉

2 둘의 비슷한 점과 다른 점을 견주는 일. (수학❶, 107쪽)

　　예) 연필과 볼펜의 길이를 ○○해 보세요. ㉑ 대비　㉎ comparison

5 온갖 동물의 살. (국어❶-가, 67쪽)

　　예) 속담 ○○는 씹어야 맛이고 말은 해야 맛이다. ㉑ 육류　㉎ meat

* **타악기** : 나무, 가죽, 금속 등으로 만들어졌으며 두드려서 소리를 내는 악기.

〈바람개비 모양〉 낱말 퍼즐

1 다섯에 하나를 더한 수. (수학❶, 24쪽)

예) 곤충의 다리는 모두 ○○개예요. 비 육 영 six

3 여럿 가운데 따로따로인 한 개 한 개. (수학❶, 147쪽)

예) 10개씩 1묶음과 ○○ 2개를 12라고 합니다. 비 개별 영 piece

5 한글 닿소리. (국어❶-가, 24쪽)

예) '기역, 니은, 디귿……티읕, 피읖, 히읗' ○○은 모두 14자예요. 반 모음

8 서로 모르는 사람을 잘 알게 하여 줌. (학교❶, 65쪽)

예) 친구들에게 내 짝을 ○○하여 보세요. 비 안내 영 introduction

2 일곱에 하나를 더한 수. (수학❶, 25쪽)

예) 문어의 다리는 모두 ○○개예요. 비 팔 영 eight

4 허리가 가느다란 작은 곤충. (국어 활동❶-가, 47쪽)

예) 더운 여름날 ○○는 열심히 일하는데, 베짱이는 그늘에서 노래만 불러요. 영 ant

6 한글 홀소리. (국어❶-가, 24쪽)

예) '아, 야, 어, 여……우, 유, 으, 이' ○○은 모두 10자예요. 반 자음

7 밭에 심어서 가꾸어 먹는 식물. (학교❶, 35쪽)

예) ○○가게에 가서 배추와 무를 사오너라. 비 야채 영 vegetable

Q. 차는 차인데 마실 수 없는 차는 뭐게?

A. 정답은 ☐☐ 입니다. (힌트 : 1단계에 나오는 낱말이에요)

*낫 놓고 ○○자도 모른다.

* **낫** : 곡식, 나무, 풀 따위를 베는 데 쓰는 농기구.

A. 정답은 ☐☐ 입니다. (힌트 : 1단계에 나오는 낱말이에요)

1. 식물인가요? 아니요, 동물입니다.

2. 물에서 사나요? 아니요, 땅에서 삽니다.

3. 몸집이 작은가요? 예, 아주 작습니다.

4. 초록색인가요? 아니요, 까만색입니다.

5. 허리가 잘록한가요? 예, 잘록합니다.

A. 정답은 □□ 입니다. (힌트 : 1단계에 나오는 낱말이에요)

- 정 답 -

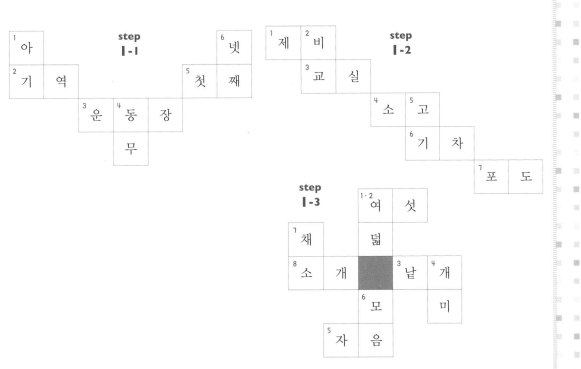

step I-1

¹아						⁶넷
기	역				⁵첫	째
		³운	⁴동	장		
			무			

step I-2

¹제	²비					
	³교	실				
			⁴소	⁵고		
				⁶기	차	
					⁷포	도

step I-3

¹·²여	섯		
⁷채	덟		
⁸소	개	³낱	⁴개
	⁶모		미
⁵자	음		

• 수수께끼 정답 : 기차　• 속담 정답 : 기역　• 다섯 고개 놀이 정답 : 개미

〈우승컵 모양〉 낱말 퍼즐

〈가로 열쇠〉

2 하루가 두 번 있는 시간의 길이. (봄❶. 52쪽)

예) 하루, ○○, 사흘, 나흘…… 영 two days

4 *왕골이나 *골풀의 줄기로 엮어서 만든 자리. (수학❶. 122쪽)

예) 풀밭에 ○○○를 깔고 그 위에 앉아 점심을 먹었어요. 영 mat

5 아랫도리에 입는 옷. (국어❶-가, 66쪽)

예) 옷장에는 티셔츠, ○○, 코트 등 예쁜 옷이 가득해요. 영 pants

〈세로 열쇠〉

1 여러 가지 색깔로 물들인 종이. (봄❶. 82쪽)

예) ○○○를 접어서 종이비행기를 만들었어요. 영 colored paper

3 수를 나타내는 글자. (수학❶. 31쪽)

예) 공책에 ○○를 쓰고 큰 소리로 읽어요. 영 number

6 개의 새끼. (국어❶-가, 105쪽)

예) 우리 집 ○○○의 이름은 복실이예요. 영 puppy

* **왕골** : 사초과의 한해살이풀로 줄기가 질기고 강해 돗자리나 방석을 만드는 데 쓰임.
* **골풀** : 골풀과의 여러해살이풀로 들이나 습한 곳에서 자람.

step 2-2 <*석빙고 모양> 낱말 퍼즐

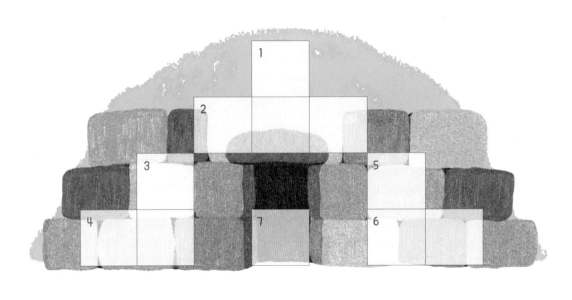

18

🔑 〈가로 열쇠〉

2 선생을 높여 이르는 말. (국어❶-가, 105쪽)

　예) 담임 ○○○께서 잘했다고 칭찬해 주셨어요. 영 teacher

4 둘씩 짝지을 수 있는 수. (수학❶, 161쪽)

　예) 2, 4, 6, 8, 10과 같은 수를 ○○라고 합니다. 반 홀수　영 even number

6 잎으로 쌈을 싸서 먹는 채소. (봄❶, 67쪽)

　예) 속담 ○○쌈에 고추장이 빠질까. 영 lettuce

7 사람이 사는 건물. (국어 활동❶-가, 46쪽)

　예) 속담 ○에서 새는 바가지는 들에 가도 샌다. 영 house

🔑 〈세로 열쇠〉

1 아우 또는 손아랫누이. (국어❶-가, 104쪽)

　예) ○○이 내 장난감을 망가뜨려 화가 났어요. 영 younger brother[sister]

3 둘씩 짝지을 수 없는 수. (수학❶, 161쪽)

　예) 1, 3, 5, 7, 9와 같은 수를 ○○라고 합니다. 반 짝수　영 odd number

5 책을 읽거나 글을 쓰는 등 공부할 때 앞에 두고 사용하는 상. (봄❶, 20쪽)

　예) 우리 교실에는 ○○이 30개, *걸상이 30개 있어요. 영 desk

* **석빙고** : 얼음을 넣어 두던 창고.

* **걸상** : 의자.

<꽃 모양> 낱말 퍼즐

🔑 〈가로 열쇠〉

1 뼈나 단단한 나무로 만든 정육면체 모양에 하나에서 여섯까지의 점을 새긴 장난감. _(수학 익힘❶, 26쪽)

예) ○○○를 던져서 6이 나오면 여섯 칸 앞으로 갑니다. 영 dice

3 장사하는 사람. _(봄❶, 12쪽)

예) 시장에는 과일 ○○, 채소 ○○가 있어요. 영 seller

5 뿌리에 둥글고 긴 덩어리가 달려 있어요. 달고 맛있어요. _(국어❶-가, 61쪽)

예) 겨울에는 따끈따끈한 군○○○가 최고예요. 영 sweet potato

8 *대롱 같은 입으로 꽃의 꿀을 빨아먹는 곤충. _(국어❶-가, 19쪽)

예) ○○야, ○○야, 이리 날아오너라. 영 butterfly

🔑 〈세로 열쇠〉

2 사는 곳을 다른 데로 옮김. _(수학 익힘❶, 70쪽)

예) 앞집에 새로운 친구가 ○○를 왔어요. 비 이주 영 move

4 옥수수 나무의 열매. _(봄❶, 67쪽)

예) 우리 아기 불고 노는 하모니카는 ○○○를 가지고서 만들었어요. 영 corn

6 가죽으로 만든 신. _(국어❶-가, 61쪽)

예) 하얀 눈 위에 ○○ 발자국 영 shoes

7 노란색의 껍질을 벗겨서 먹는 열대 과일. _(국어❶-가, 100쪽)

예) 원숭이는 ○○○를 좋아해요. 영 banana

---

* 대롱 : 가느스름하고 길쭉한 토막.

Q. 가죽 속에 털이 난 것은 뭐게?

A. 정답은 □□□ 입니다. (힌트 : 2단계에 나오는 낱말이에요)

○에서는 아이들 때문에 웃는다.

A. 정답은 □ 입니다. (힌트 : 2단계에 나오는 낱말이에요)

다섯 고개 놀이

1. 동물인가요? 아니요, 식물입니다.

2. 과일인가요? 예, 과일입니다.

3. 동그란가요? 아니요, 길쭉합니다.

4. 초록색인가요? 아니요, 노란색입니다.

5. 원숭이가 좋아하나요? 예, 좋아합니다.

A. 정답은 □□□ 입니다. (힌트 : 2단계에 나오는 낱말이에요)

· · · · · · · · · · · 정 답 · · · · · · · · · · ·

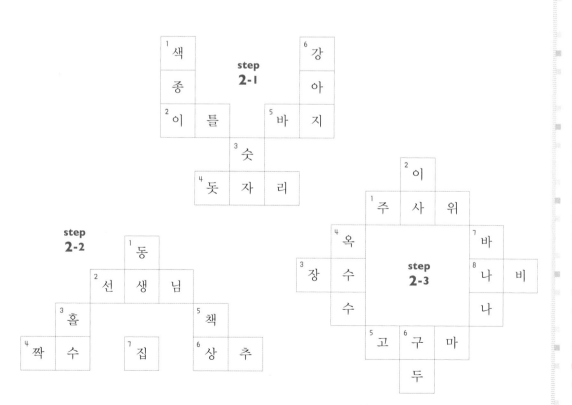

• **수수께끼 정답** : 옥수수 • **속담 정답** : 집 • **다섯 고개 놀이 정답** : 바나나

step
3-1 <아령 모양> 낱말 퍼즐

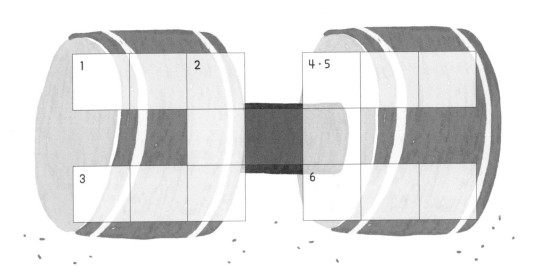

1

2

4·5

3

6

🔑 〈가로 열쇠〉

1 미리 필요한 것을 마련하여 갖추어 놓는 물건. (가족❶. 46쪽)

　　예) 내일 미술 ○○○이 뭐야?

3 문장 부호 '!'의 이름. 느낌을 나타낼 때 사용해요. (국어❶-나. 220쪽)

　　예) ○○○는 느낌을 나타내는 문장의 끝에 써요. 영 exclamation mark

4 털에 검은 점과 흰 점이 바둑무늬 모양으로 뒤섞여 있는 개. (수학❶. 107쪽)

　　예) 우리 집 ○○○는 달마티안을 닮았어요. 영 spotted dog

6 크기가 돌덩이보다 작고 자갈보다는 큰 돌. (국어❶-나. 210쪽)

　　예) 바윗돌 깨트려 돌덩이, 돌덩이 깨트려 ○○○. 영 stone

🔑 〈세로 열쇠〉

2 문장 부호 '?'의 이름. 의문을 나타낼 때 사용해요. (국어❶-나. 220쪽)

　　예) ○○○는 묻는 문장 끝에 써요. 영 question mark

5 바둑을 둘 때에 쓰는 둥글납작한 돌. 바둑알. (수학❶. 17쪽)

　　예) ○○○은 흰 돌과 검은 돌 두 가지예요.

25

🔑 〈가로 열쇠〉

2 몸치장에 쓰이는 귀하고 값진 광물. (수학 익힘❶, 67쪽)

　예) 다이아몬드, 루비, 사파이어를 ○○이라고 해요. 영 jewel

3 사람이나 동물의 몸통 아래에 붙어 있는 신체의 한 부분. 걷고 서는 일을 담당함. (수학❶, 67쪽)

　예) 강아지, 고양이의 ○○는 4개고, 닭의 ○○는 2개예요. 영 leg

5 소, 염소, 사슴 등 짐승의 머리 위에 솟은 단단하고 뾰족한 뼈같이 생긴 것. (국어 활동❶-나, 120쪽)

　예) 화가 난 소가 ○로 투우사의 엉덩이를 들이받았어요. 영 horn

6 약물을 주사기에 넣어 몸속에 들여보내는 일. (국어❶-나, 177쪽)

　예) 어디 보자, ○○ 한 대만 맞으면 감기가 낫겠구나. 영 injection

🔑 〈세로 열쇠〉

1 손을 내밀어 그 모양에 따라 순서를 정하는 방법. (수학 익힘❶, 26쪽)

　예) 안 내면 술래 ○○○○○! 영 rock-paper-scissors

4 잠을 자기 위해 사용하는 이부자리나 침대보 등을 통틀어 이르는 말. (가족❶, 20쪽)

　예) 철수는 ○○○에 들기 전에 엄마 아빠에게 인사를 해요. 영 bed

7 사냥하는 사람. (국어 활동❶-나, 128쪽)

　예) 나무꾼 아저씨, 저 좀 숨겨 주세요. ○○○이 쫓아와요. 비 포수 영 hunter

🔑 〈가로 열쇠〉

1 여름날 나무 위에서 '맴맴' 하고 우는 곤충. (수학 익힘❶. 50쪽)

예) 속담 *굼벵이가 지붕에서 떨어지는 것은 ○○ 될 셈이 있어 떨어진다. 영 cicada

3 좋은 냄새. (수학 익힘❶. 70쪽)

예) 장미꽃 ○○가 방 안에 가득해요. 비 향내 영 scent

5 남이 시키는 일을 해 주는 일. (수학❶. 170쪽)

예) 엄마 ○○○으로 시장에 가서 생선과 과일을 사가지고 왔어요. 영 errand

8 집의 맨 꼭대기 부분을 덮어씌우는 덮개. (국어❶-나. 149쪽)

예) 기와집은 ○○을 기와로 이었어요. 영 roof

🔑 〈세로 열쇠〉

2 미끄러져 내려오도록 비스듬하게 만든 놀이 기구. (가족❶. 10쪽)

예) 놀이터에는 ○○○○, 시소, *늘임봉 등 재미있는 기구가 많아요. 영 slide

4 늘 해를 따라 고개를 향하는 꽃. (가족❶. 58쪽)

예) ○○○○○는 키다리 꽃이에요. 영 sunflower

6 다른 것과 구별하기 위하여 사람이나 물건에 붙여 부르는 말. (국어❶-나. 208쪽)

예) 내 ○○은 김철수예요. 비 성명 영 name

7 몸이 뚱뚱하고 네 다리가 짧으며 코가 납작한 짐승. (국어❶-나. 208쪽)

예) 속담 ○○에 진주 목걸이. 영 pig

* **굼벵이** : 매미나 풍뎅이와 같은 딱정벌레과의 애벌레.
* **늘임봉** : 철봉에 타고 올라갈 수 있게 만든 기구.

수수께끼

Q. 다리로 올라가고 엉덩이로 내려오는 것은 뭐게?

A. 정답은 □□□□ 입니다. (힌트 : 3단계에 나오는 낱말이에요)

속 담

사람은 죽으면 ○○을 남기고
호랑이는 죽으면 가죽을 남긴다.

A. 정답은 □□ 입니다. (힌트 : 3단계에 나오는 낱말이에요)

다섯 고개 놀이

1. 동물인가요? 예, 동물입니다.

2. 바다에서 사나요? 아니요, 땅에서 삽니다.

3. 다리가 4개인가요? 예, 4개입니다.

4. 코가 긴가요? 아니요, 납작합니다.

5. '꿀꿀' 소리를 내나요? 예, 그렇습니다.

A. 정답은 □□ 입니다. (힌트 : 3단계에 나오는 낱말이에요)

━━━━━━━━━━━━ 정 답 ━━━━━━━━━━━━

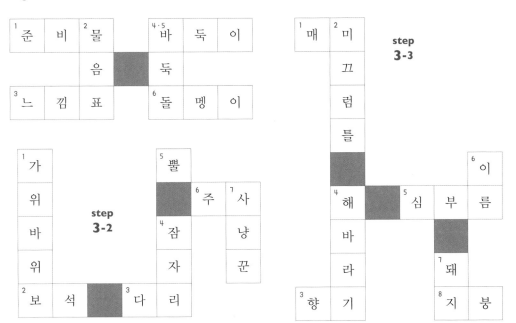

step 3-1

step 3-2

step 3-3

• 수수께끼 정답 : 미끄럼틀 • 속담 정답 : 이름 • 다섯 고개 놀이 정답 : 돼지

🔑 〈가로 열쇠〉

1 한글 자음 'ㅆ'의 이름. (국어❶-나, 203쪽)

　예) '쌍둥이'에 들어 있는 'ㅆ'의 이름은 ○○○이에요.

3 드나드는 문을 지키는 사람. (가족❶, 70쪽)

　예) 궁궐을 지키는 ○○○가 문을 열어 주었어요. ⑲ gatekeeper

5 아버지의 어머니를 이르는 말. (여름❶, 50쪽)

　예) 꼬부랑 ○○○가 꼬부랑 고갯길을 넘어가고 있네. ⑲ grandmother

🔑 〈세로 열쇠〉

2 접시 모양의 크고 납작한 꽃이 피는 식물. (가족❶, 58쪽)

　예) 나팔을 닮아 나팔꽃, 접시를 닮아 ○○○이라는 이름이 붙여졌어요. ⑲ hollyhock

4 한글 자음 'ㅉ'의 이름. (국어❶-나, 203쪽)

　예) '짝꿍'에 들어 있는 'ㅉ'의 이름은 ○○○이에요.

6 물건을 넣을 수 있게 헝겊으로 만든 것. (여름❶, 11쪽)

　예) 불룩한 바지 ○○○에 동전이 가득 들어 있어요. ⑪ 호주머니　⑲ pocket

<8분 음표 모양> 낱말 퍼즐

🔑 〈가로 열쇠〉

1 맑은 가을 하늘같이 선명한 푸른색. (국어❶-나, 146쪽)

　예) 시원한 바닷물은 ○○○이에요. 영 blue

4 이야기를 간결하고 익살스럽게 그림으로 그려서 나타낸 것. (수학❶, 105쪽)

　예) 아이들은 동화책보다 ○○책을 더 좋아해요. 영 comic

7 날마다 일어난 사실과 자기의 생각을 적은 글. (여름❶, 74쪽)

　예) 엄마, 나 오늘 ○○ 뭐 써? 영 diary

🔑 〈세로 열쇠〉

2 바다에 이는 물결. (여름❶, 52쪽)

　예) 집채만 한 ○○가 거세게 일기 시작했어요. 영 wave

3 연필심에 광물질 물감을 섞어서 여러 가지 색깔이 나게 만든 연필. (여름❶, 35쪽)

　예) 선생님은 빨간 ○○○로 시험지를 채점했어요. 영 colored pencil

5 그림을 그리는 일을 직업으로 하는 사람. (수학 익힘❶, 120쪽)

　예) 나는 커서 김홍도처럼 멋진 ○○가 될 거예요. 영 painter

6 날마다. (여름❶, 75쪽)

　예) ○○ 꾸준히 운동을 하면 몸이 튼튼해져요. 영 everyday

<안경 모양> 낱말 퍼즐

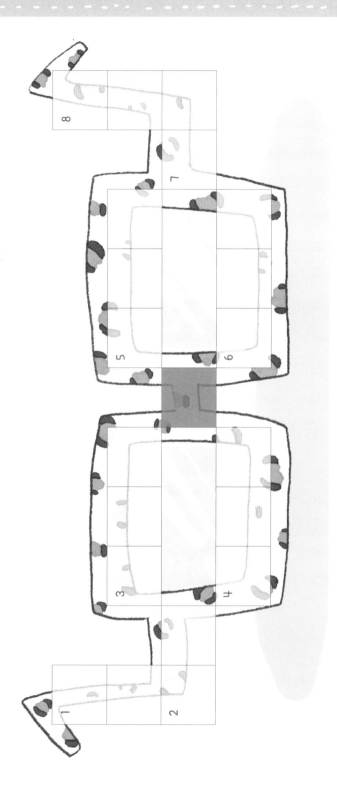

2 하얀빛을 띤 엷고 고운 붉은색. (국어 활동❶-나, 117쪽)

　예) 흰색 물감과 빨간색 물감을 섞어 ○○색을 만들어요. ⑱ pink

3 음식을 집는 데 쓰는 한 벌의 막대기. (수학 익힘❶, 103쪽)

　예) 숟가락과 ○○○을 '수저'라고 해요. ⑱ chopsticks

4 우유, 밀가루, 달걀 따위를 섞어서 구운 빵. (국어 활동❶-나, 156쪽)

　예) 생일 ○○○에 나이만큼 초를 꽂았어요. ⑱ cake

5 갈색의 몸에 검은색 줄무늬가 있고 '어흥' 소리를 내요. (국어 활동❶-나, 184쪽)

　예) 속담 ○○○ 없는 골에 토끼가 왕 노릇한다. ⑪ 범 ⑱ tiger

6 여름철에 날이 말짱하다가 갑자기 쏟아지는 비. (여름❶, 20쪽)

　예) ○○○가 그치고 무지개가 떴어요. ⑪ 소낙비 ⑱ shower

7 음악을 연주하는 데 쓰는 기구. (여름❶, 59쪽)

　예) 여러 가지 ○○로 연주해 보세요. ⑱ instrument

1 한곳에 모인 여러 사람을 부르는 말. (국어 활동❶-나, 105쪽)

　예) 신사 숙녀 ○○○! ⑱ everybody

8 아이들이 줄을 넘으면서 하는 놀이. (여름❶, 75쪽)

　예) ○○○의 2단 뛰기를 하려면 줄을 빨리 돌려야 해요. ⑱ jump rope

Q. 자기는 얻어먹지도 못하면서
   열심히 음식을 나르는 것은 뭐게?

A. 정답은 ☐☐☐ 입니다. (힌트 : 4단계에 나오는 낱말이에요)

○○○ 털어 먼지 안 나오는 사람 없다.

A. 정답은 ☐☐☐ 입니다. (힌트 : 4단계에 나오는 낱말이에요)

다섯 고개 놀이

1. 식물인가요? 아니요, 동물입니다.

2. 땅에서 사나요? 예, 땅에서 삽니다.

3. 몸집이 작은가요? 아니요, 큽니다.

4. 줄무늬 옷을 입었나요? 예, 그렇습니다.

5. 어떤 소리를 내나요? '어흥' 소리를 냅니다.

A. 정답은 □ □ □ 입니다. (힌트 : 4단계에 나오는 낱말이에요)

- 정 답 -

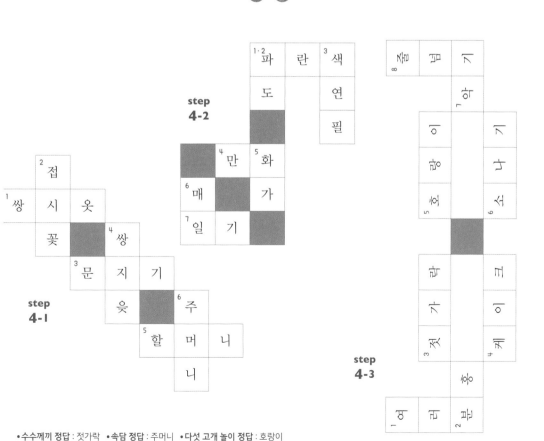

• **수수께끼 정답** : 젓가락 • **속담 정답** : 주머니 • **다섯 고개 놀이 정답** : 호랑이

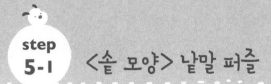
<솥 모양> 낱말 퍼즐

🔑 〈가로 열쇠〉

1 학용품을 파는 곳. (이웃①, 65쪽)

　예) 학교 앞 ○○○에서 연필과 공책을 샀어요. ⓑ 문방구　ⓔ stationery store

4 열의 일곱 배가 되는 수. (수학②, 15쪽)

　예) 우리 할아버지의 연세는 ○○이에요. ⓑ 칠십　ⓔ seventy

5 아무것도 신지 않은 발. (국어②-가, 102쪽)

　예) 아빠는 가족의 일이라면 ○○로 나서요. ⓔ bare foot

🔑 〈세로 열쇠〉

2 서로 친하게 사귀는 사람. (이웃①, 35쪽)

　예) 너하고 나는 ○○가 되어서 사이좋게 지내자. ⓑ 동무　ⓔ friend

3 토요일의 다음 날. (수학②, 129쪽)

　예) ○○○에 가족과 함께 영화를 봤어요. ⓑ 공휴일　ⓔ Sunday

6 발뒤꿈치를 든 발. (국어②-가, 101쪽)

　예) 아이는 인형을 내리려고 ○○○을 했습니다.

1 요리를 전문으로 하는 사람. (국어❷-가, 129쪽)

　예) 볶음밥을 잘 만드는 우리 아버지는 ○○○ 같아요. 영 cook, chef

3 ① 옷을 꿰매는 데 쓰는 물건.

　② 시계나 저울에서 눈금을 가리키는 뾰족한 물건. (수학 익힘❷, 73쪽)

　예) 속담 ○○ 도둑이 소 도둑 된다. 영 needle

6 물건을 씀. (이웃❶, 63쪽)

　예) 날카로운 물건을 ○○할 때는 더욱 조심해야 해요. 비 이용　영 use

2 자기와 듣는 이를 포함한 여러 사람을 가리키는 말. (국어❷-가, 129쪽)

　예) 얘들아, ○○ 집에 놀러오지 않을래? 영 we

4 끝없이 푸르고 먼 공간. (국어 활동❷-가, 91쪽)

　예) 속담 ○○이 무너져도 솟아날 구멍이 있다. 반 땅　영 sky

5 만나거나 헤어질 때 하는 예의. 경례. (이웃❶, 30쪽)

　예) 웃는 얼굴 하고 ○○ 나눕시다. 얘들아, 안녕. 영 greeting

7 서로 이웃에 살면서 정이 들어 사촌 형제나 다를 바 없이 가까운 이웃.

　(이웃❶, 10쪽)

　예) 어려울 때는 먼 친척보다 가까운 ○○○○이 더 나아요. 영 good neighbor

<다이아몬드 모양> 낱말 퍼즐

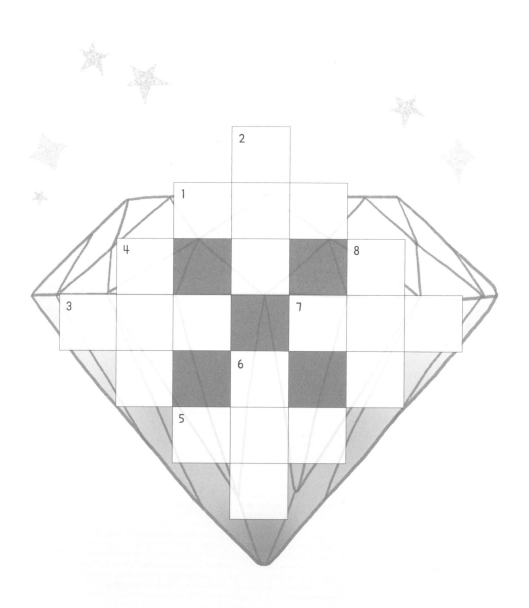

🔑 〈가로 열쇠〉

1 그림으로 꾸민 책. (국어❷-가, 20쪽)

　예) ○○○을 읽으면 상상력이 풍부해져요. ⑧ picture book

3 부모를 높여 이르는 말. (국어❷-가, 95쪽)

　예) 저희를 키우느라 고생하신 ○○○께 감사합니다. ⑧ parents

5 주로 아이들이 놀이를 하는 곳. (수학❷, 79쪽)

　예) 친구들이랑 ○○○에서 신 나게 놀았어요. ⑧ playground

7 닭의 새끼. (수학 익힘❷, 118쪽)

　예) ○○○ 한 마리가 엄마 닭을 따라 나섰다가 길을 잃었어요. ⑧ chick

🔑 〈세로 열쇠〉

2 여러 사람에게 알리는 내용을 적은 판. (이웃❶, 83쪽)

　예) 나는 가게를 알리는 ○○○을 만들게. ⑪ 게시판 ⑧ bulletin board

4 어린아이를 태워서 밀고 다니는 수레. (국어❷-가, 95쪽)

　예) 엄마는 아기를 ○○○에 태웠어요. ⑧ baby carriage

6 종이로 만든 일회용 컵. (이웃❶, 42쪽)

　예) 물을 마시고 ○○○은 쓰레기통에 버려요. ⑧ paper cup

8 무릎과 발목 사이의 뒤쪽 부분. (국어 활동❷-가, 95쪽)

　예) 우리 아빠는 ○○○가 굵어요. ⑧ calf

Q. 가느다란 몸뚱이에 귀만 하나 있는 것은 뭐게?

A. 정답은 □□ 입니다. (힌트 : 5단계에 나오는 낱말이에요)

○○ 따라 강남 간다.

A. 정답은 □□ 입니다. (힌트 : 5단계에 나오는 낱말이에요)

다섯 고개 놀이

1. 동물인가요? 예, 동물입니다.

2. 하늘에 사나요? 아니요, 땅에서 삽니다.

3. 다리가 4개인가요? 아니요, 2개입니다.

4. 하얀색인가요? 아니요, 노란색입니다.

5. '삐악삐악' 소리를 내나요? 예, 그렇습니다.

A. 정답은 □□□ 입니다. (힌트 : 5단계에 나오는 낱말이에요)

😊 정 답 😊

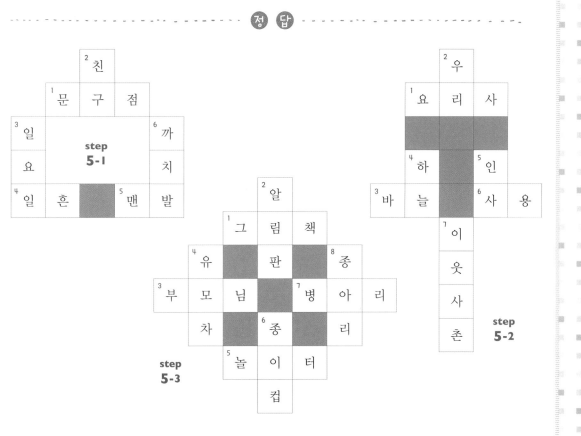

step 5-1

		²친		
	¹문	구	점	
³일		step 5-1		⁶까
요				치
⁴일	흔		⁵맨	발

step 5-3

		²알		
	¹그	림	책	
⁴유		판		⁸종
³부	모	님	⁷병	아	리
차		⁶종		리
	⁵놀	이	터	
		컵		

step 5-2

		²우	
¹요	리	사	
	⁴하		⁵인
³바	늘		⁶사	용
	⁷이		
	웃		
	사		
	촌		

<기찻길 모양> 낱말 퍼즐

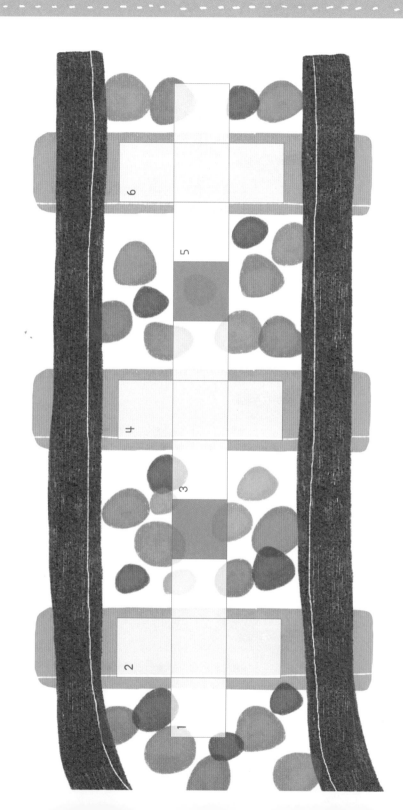

<가로 열쇠>

1 사람과 비슷하게 생긴 짐승. 바나나를 좋아해요. (국어❷-가, 53쪽)

　예) ○○○ 똥구멍은 빨개, 빨가면 사과, 사과는 맛있어. (영) monkey

3 동물을 모아 기르며 사람들에게 관람시키는 곳. (수학❷, 79쪽)

　예) ○○○에 가면 수많은 동물을 구경할 수 있어요. (영) zoo

5 *원동기의 *동력으로 땅 위를 움직이는 차. (수학 익힘❷, 52쪽)

　예) 신 나게 달리는 귀여운 꼬마 ○○○ 붕붕. (영) automobile

<세로 열쇠>

2 복숭아나무의 열매. (국어❷-가, 52쪽)

　예) 나의 살던 고향은 꽃피는 산골 ○○○꽃 살구꽃 아기 진달래. (영) peach

4 여러 가지 옛날의 유물을 널리 모아놓고 여러 사람에게 보이는 곳. (수학❷, 121쪽)

　예) 국립 민속 ○○○에 가면 여러 가지 옛날 물건들을 볼 수 있어요. (영) museum

6 여러 사람이 모여 여러 가지 운동 경기를 하는 모임. (가을❶, 27쪽)

　예) 10월에는 즐거운 가을 ○○○가 열려요. (영) field day

* **원동기** : 자연계에 존재하는 수력, 풍력, 조력 따위의 에너지를 기계적 에너지로 바꾸는 장치.

* **동력** : 자연에 있는 에너지를 쓰기 위하여 기계적인 에너지로 바꾼 것.

<성벽 모양> 낱말 퍼즐

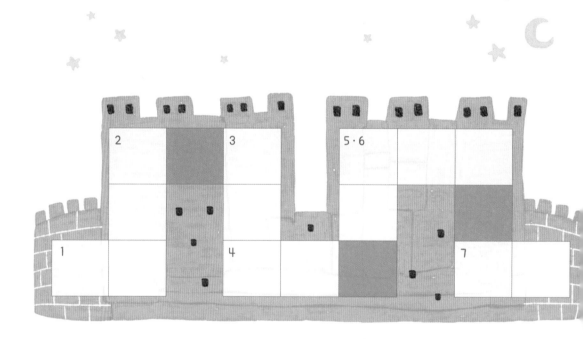

1 사물의 넓이, 부피, 양 등 큰 정도를 일컫는 말. (수학❷, 29쪽)

　예) 69와 96의 ○○를 비교하여 보세요. 영 size

4 어머니의 자매. (국어❷-가, 90쪽)

　예) 우리 엄마와 ○○는 자매인데도 성격이 완전 딴판이에요. 영 aunt

5 떡갈나무의 열매. (가을❶, 48쪽)

　예) 다람쥐가 좋아하는 먹이는 알밤과 ○○○예요. 영 acorn

7 한 해의 사계절 가운데 셋째 절기. (가을❶, 8쪽)

　예) ○○은 여름과 겨울 사이에 있어요. 영 autumn

2 둘 이상의 수를 더하여 값을 구하는 일. (수학❷, 148쪽)

　예) 3 ○○○ 4는 7입니다. 영 addition

3 키가 작은 사람을 낮잡아 이르는 말. (국어❷-가, 25쪽)

　예) 백설 공주 뒤를 올망졸망 일곱 ○○○가 따라 나와요. 영 dwarf

6 목적한 곳에 다다름. (가을❶, 38쪽)

　예) 오전 9시에 서울을 출발하여 오후 2시에 부산에 ○○해요. 영 arrival

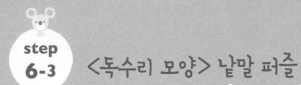

<독수리 모양> 낱말 퍼즐

〈가로 열쇠〉

1 대추나무의 열매. (가을❶. 70쪽)

예) **속담** ○○나무에 연 걸리듯. 영 jujube

3 두 겹으로 된 쐐기표. (국어❷-가. 96쪽)

예) 온점 뒤에는 ○○○○를 하고 쐐기표보다 조금 더 쉬어 읽어요.(∨)

5 곡식을 먹으러 오는 새를 쫓으려고 논밭에 세우는 사람 모양의 물건. (가을❶. 48쪽)

예) 들판 한가운데에 ○○○○가 서 있어요. 영 scarecrow

8 우리나라 사람의 말. (국어❷-가. 98쪽)

예) 바르고 고운 ○○○을 써야 해요. 비 국어 영 Korean language

〈세로 열쇠〉

2 우리나라 명절의 하나. 음력 8월 15일. (가을❶. 68쪽)

예) ○○에는 *햅쌀로 송편을 빚어요. 비 한가위

4 이전의 일 등을 마음에 새겨 두고 잊지 않고 떠올림. (가을❶. 28쪽)

예) 가장 ○○에 남는 일을 떠올려 보세요. 영 memory

6 수에 대한 것을 연구하는 학문. (수학❷. 48쪽)

예) ○○ 시간에 덧셈과 뺄셈을 배웠어요. 영 math

7 남의 말을 듣지 않고 반대로만 하는 사람을 빗대어 쓰는 말. (국어 활동❷-가. 8쪽)

예) ○○○○는 떠내려가는 어머니의 무덤을 보며 슬피 울었어요. 영 green frog

* **햅쌀** : 그 해에 새로 난 쌀.

Q. 참새가 가장 무서워하는 비는 뭐게?

A. 정답은 □□□□ 입니다. (힌트 : 6단계에 나오는 낱말이에요)

○○○도 나무에서 떨어진다.

A. 정답은 □□□ 입니다. (힌트 : 6단계에 나오는 낱말이에요)

다섯 고개 놀이

1. 동물인가요? 아니요, 식물입니다.

2. 열매인가요? 예, 열매입니다.

3. 크기가 큰가요? 아니요, 작습니다.

4. 다람쥐가 좋아하나요? 예, 그렇습니다.

5. 어떻게 먹나요? 묵을 만들어 먹습니다.

A. 정답은 ☐☐☐ 입니다. (힌트 : 6단계에 나오는 낱말이에요)

정 답

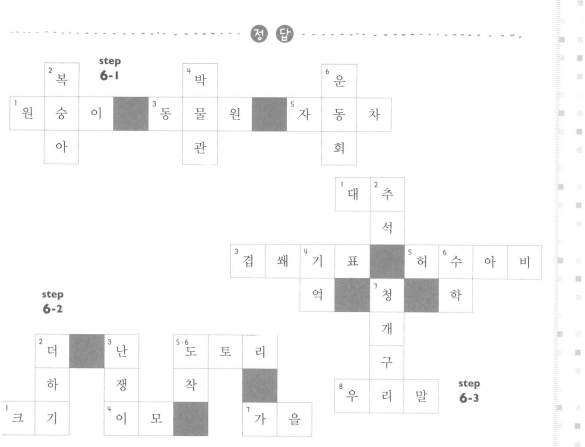

step 6-1

	²복			⁴박				⁶운	
¹원	숭	이		³동	물	원	⁵자	동	차
	아			관				회	

step 6-2

step 6-3

			¹대	²추	
				석	
³겹	쐐	⁴기	표		⁵허	⁶수	아	비
		억		⁷청		학
				개	
				구	
			⁸우	리	말

²더		³난		⁵·⁶도	토	리
하		쟁		착		
¹크	기	⁴이	모		⁷가	을

• 수수께끼 정답 : 허수아비　• 속담 정답 : 원숭이　• 다섯 고개 놀이 정답 : 도토리

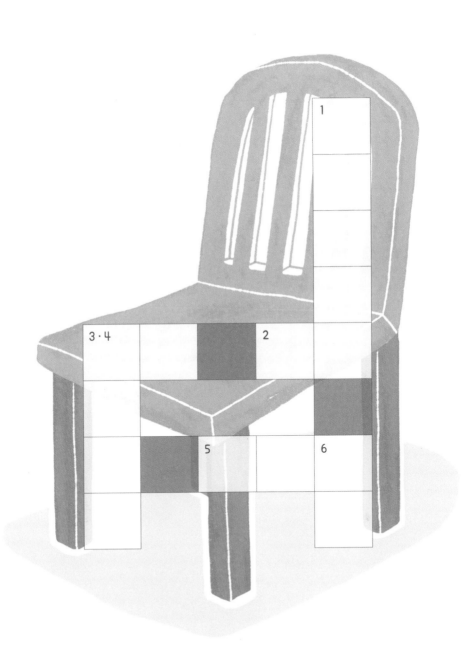

🔍 〈가로 열쇠〉

2 짐승이나 물고기, 벌레 따위를 세는 단위. (수학❷, 174쪽)

예) 나는 귀여운 고양이 한 ○○와 강아지 한 ○○를 키우고 있어요.

3 육지를 제외한 부분으로 짠물이 괴어 있는 매우 넓은 곳. (국어 활동❷-나, 221쪽)

예) 고기를 잡으러 ○○로 갈까요? 영 sea

5 무궁화나무의 꽃. 우리나라의 국화. (우리나라❶, 32쪽)

예) ○○○ 꽃이 피었습니다. 영 rose of Sharon

🔍 〈세로 열쇠〉

1 구름처럼 높은 사다리. (우리나라❶, 27쪽)

예) ○○○○○를 타고 오르면 꼭 구름 위에 있는 것 같아요. 영 monkey bars

4 바람에 뱅뱅 돌도록 만든 어린이 장난감. (수학 익힘❷, 94쪽)

예) 살랑살랑 부는 봄바람에 뱅글뱅글 도는 ○○○○. 비 팔랑개비 영 pinwheel

6 활을 쏘는 데 쓰는 물건. (우리나라❶, 91쪽)

예) *투호는 항아리에 ○○을 던져 넣는 민속 놀이예요. 영 arrow

* **투호** : 두 사람이 일정한 거리에서 청, 홍의 화살을 던져 병 속에 많이 넣는 사람이 이기는 놀이.

<냄비 모양> 낱말 퍼즐

🔑 〈가로 열쇠〉

2 코에 뚫린 두 구멍. (국어❷-나, 266쪽)

　　예) ○○○을 잘못 후비면 코피가 나요. ⑨ nostrils

3 성적을 나타내는 숫자. (수학❷, 109쪽)

　　예) 제 시험 ○○ 몇 점이에요? ⑨ score, grade

5 우리나라의 고유한 옷. (우리나라❶, 80쪽)

　　예) 설날이나 추석 때는 주로 ○○을 입어요. ㉠ 양복　⑨ Korean traditional clothes[dress]

7 우리나라에서 제일 높은 산으로 높이가 2,744m나 됨. (우리나라❶, 40쪽)

　　예) 동해물과 ○○○이 마르고 닳도록~ ⑨ Mt, Baekdu, Baekdusan

🔑 〈세로 열쇠〉

1 한 집에서 함께 사는 사람. (국어❷-나, 266쪽)

　　예) 아빠, 엄마, 나, 동생은 다정한 한 ○○예요. ㉡ 가족　⑨ family

4 동물의 남성. (수학❷, 204쪽)

　　예) 사자의 암컷은 갈기가 없고, ○○은 갈기가 있어요. ㉠ 암컷　⑨ male

6 우리나라의 전통적인 집. (우리나라❶, 53쪽)

　　예) 기와집과 초가집을 ○○이라고 해요. ㉠ 양옥

〈모래시계 모양〉 낱말 퍼즐

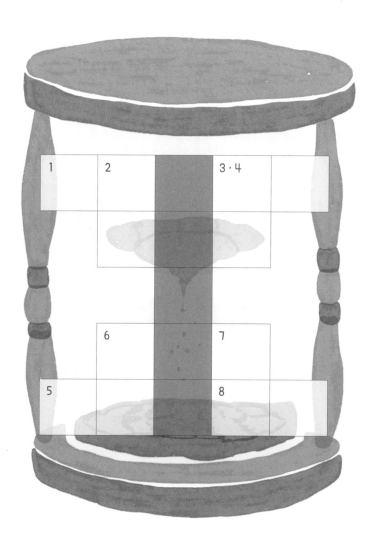

1 시간을 나타내는 기계. (수학❷. 118쪽)

　예) 벽에 있는 ○○가 12시를 가리키고 있습니다. 영 clock

3 짠맛이 나는 흰색의 결정체. (국어 활동❷-나. 244쪽)

　예) 속담 ○○ 팔러 가면 비가 오고 가루 팔러 가면 바람 분다. 영 salt

5 소금에 절인 배추에 갖은 양념을 하여 버무려 담근 반찬. (우리나라❶. 76쪽)

　예) ○○는 한국 사람들이 제일 좋아하는 반찬이지요. 영 gimchi

8 흙으로 구워 만든 지붕을 덮는 물건. (우리나라❶. 70쪽)

　예) 지붕을 ○○로 덮은 집을 기와집이라고 해요. 영 roof tile

🔑 〈세로 열쇠〉

2 수를 헤아림. 어떤 일을 예상하거나 고려함. (수학❷. 83쪽)

　예) 1 더하기 1은 얼마인지 ○○해 보세요. 비 연산　영 calculation

4 귀에 들리는 것. (국어❷-나. 205쪽)

　예) 우리 아빠는 웃음 ○○가 참 큽니다. 영 sound

6 기쁜 일이 있을 때에 음식을 차려 놓고 여러 사람이 모여 즐기는 일. (국어❷-나. 234쪽)

　예) 속담 소문난 ○○에 먹을 것 없다. 영 party

7 나라를 상징하는 기. (우리나라❶. 28쪽)

　예) 우리나라의 ○○는 태극기입니다. 영 national flag

Q. 금은 금인데 먹는 금은 뭐게?

A. 정답은 □□ 입니다. (힌트 : 7단계에 나오는 낱말이에요)

남의 ○○에 감 놓아라 배 놓아라 한다.

A. 정답은 □□ 입니다. (힌트 : 7단계에 나오는 낱말이에요)

1. 식물인가요? 예, 식물입니다.

2. 과일인가요? 아니요, 꽃입니다.

3. 봄에 피나요? 아니요, 여름에 핍니다.

4. 분홍색인가요? 예, 분홍색과 흰색 등이 있습니다.

5. 우리나라의 꽃인가요? 예, 그렇습니다.

A. 정답은 ☐☐☐ 입니다. (힌트 : 7단계에 나오는 낱말이에요)

- - - - - - - - - 정 답 - - - - - - - - -

step 7-1

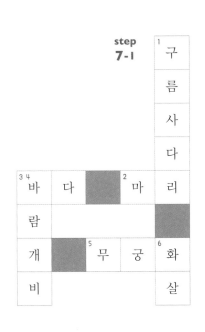

step 7-2

step 7-3

•수수께끼 정답 : 소금 •속담 정답 : 잔치 •다섯 고개 놀이 정답 : 무궁화

〈물고기 모양〉 낱말 퍼즐

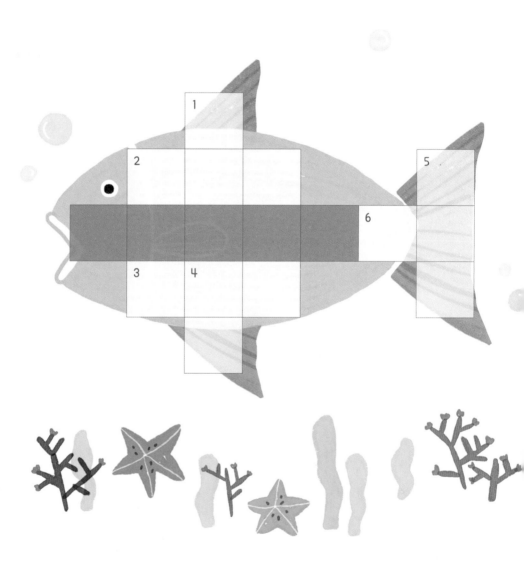

〈가로 열쇠〉

2 바람에 불리어 휘몰아쳐 날리는 눈. (국어❷-나, 189쪽)

　　예) 소나무야, 추운 겨울 ○○○ 속에서도 푸른 네 잎은 정말 멋있어. 영 snowstorm

3 초대하는 뜻을 적어서 보내는 편지. (국어❷-나, 234쪽)

　　예) 별나라에서 동물 마을로 ○○○을 보내왔어요. 비 초청장 영 invitation

6 줄기와 가지가 단단한 모든 식물. (국어❷-나, 177쪽)

　　예) 식목일에 아빠와 함께 ○○를 심었어요. 영 tree

〈세로 열쇠〉

1 남에게 제 자리를 내 줌. (수학 익힘❷, 33쪽)

　　예) 할아버지께 자리를 ○○하였어요. 영 yield

4 어떤 대상이나 자리의 구실을 바꾸어 맡음. (우리나라❶, 12쪽)

　　예) 속담 꿩 ○○ 닭. 영 instead

5 고무로 길게 만든 줄. (겨울❶, 90쪽)

　　예) 남자 아이들은 말뚝박기, 여자 아이들은 ○○○ 놀이를 하였어요. 영 rubber band

<풍차 모양> 낱말 퍼즐

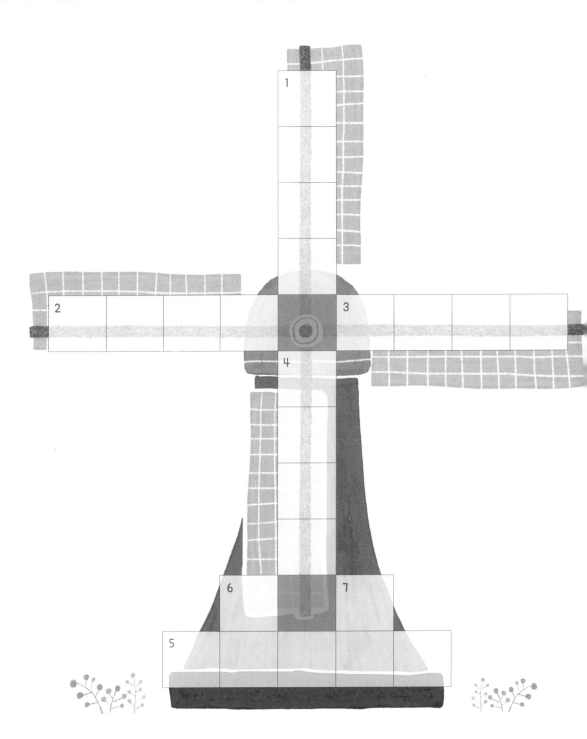

🔑 〈가로 열쇠〉

2 한 아이가 술래가 되어 숨은 아이들을 찾아내는 놀이. (국어❷-나, 266쪽)

　　예) ○○○○ 할 사람 여기 모여라. 🄫 술래잡기　영 hide-and-seek

3 보기 좋을 정도로 살이 통통하게 찐 모양. (국어❷-나, 246쪽)

　　예) ○○○○ 아기 돼지 밥 달라고 꿀꿀꿀. 영 plump

5 4명이 한 조가 되어 *배턴을 주고받으며 이어 달리는 육상 경기. (겨울❶, 64쪽)

　　예) ○○○○○를 하다가 그만 배턴을 떨어뜨리고 말았어요. 영 relay

🔑 〈세로 열쇠〉

1 바닷가에 사는 별 모양의 동물. (국어❷-나, 207쪽)

　　예) ○○○○는 바다의 별이라고 불려요. 영 starfish

4 도로를 가로질러 사람이 건너다니는 길. 건널목. (수학 익힘❷, 116쪽)

　　예) ○○○○를 건널 때는 주위를 잘 살핀 뒤에 건너야 해요. 영 crosswalk

6 뾰족한 지느러미와 날카로운 이빨이 특징인 바닷물고기. (국어 활동❷-나, 248쪽)

　　예) 으악, 식인 ○○가 해안에 나타났다! 영 shark

7 부리가 넓적하며 다리가 짧은 가축의 하나. (겨울❶, 54쪽)

　　예) 참새는 짹짹, ○○는 꽥꽥, 암탉은 꼬끼오~ 영 duck

* 배턴 : 릴레이 경기에서 앞 주자가 다음 주자에게 넘겨 주는 막대기.

〈양팔 저울 모양〉 낱말 퍼즐

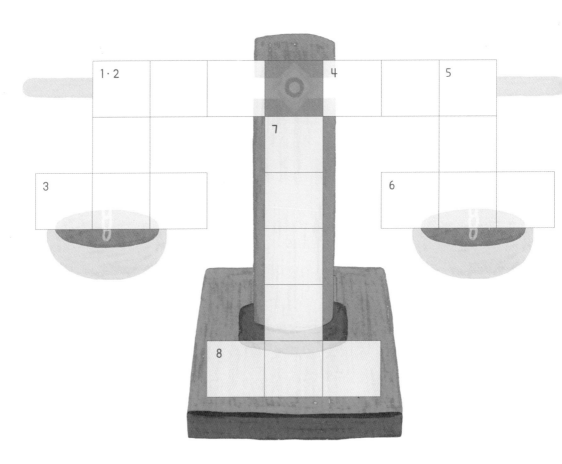

1 사람의 입을 속되게 이르는 말. (국어②-나, 184쪽)

예) 두루미는 긴 부리로 ○○○가 긴 병에 있는 음식을 맛있게 먹었어요. 영 mouth

3 미처 생각할 겨를도 없이 급히. (국어②-나, 264쪽)

예) ○○○ 소나기가 쏟아졌어요. 영 suddenly

4 여닫게 되어 있는 물건을 잠그는 장치. (수학②, 53쪽)

예) ○○○ 구멍으로 열쇠를 넣었어요. 반 열쇠 영 lock

6 육지에 사는 동물 중에서 제일 크며 *상아와 긴 코가 특징임. (국어 활동②-나, 199쪽)

예) ○○○ 아저씨는 코가 손이래~ 영 elephant

8 유리를 낀 창. (국어 활동②-나, 228쪽)

예) 걸레로 ○○○을 깨끗이 닦았어요. 영 window

2 물을 데우거나 담아서 따르게 만든 그릇. (국어②-나, 230쪽)

예) 물이 ○○○ 안에서 보글보글 끓고 있어요. 영 kettle

5 쇠로 만든 도끼. (수학 익힘②, 8쪽)

예) 제 도끼는 금도끼도 아니고 은도끼도 아니고 ○○○입니다. 영 iron ax

7 한 개의 통나무로 놓은 다리. (국어 활동②-나, 201쪽)

예) 속담 원수는 ○○○○○에서 만난다. 영 single log bridge

* **상아** : ○○○의 엄니. 위턱에 입 밖으로 뿔처럼 뻗어 있음.

69

Q. 몸으로 먹고 입으로 내놓는 것은 뭐게?

A. 정답은 □□□ 입니다. (힌트 : 8단계에 나오는 낱말이에요)

○○ 새끼는 길러 놓으면 물로 가고
꿩 새끼는 길러 놓으면 산으로 간다.

A. 정답은 □□ 입니다. (힌트 : 8단계에 나오는 낱말이에요)

다섯 고개 놀이

1. 식물인가요? 아니요, 동물입니다.

2. 땅에서 사나요? 예, 그렇습니다.

3. 다리가 네 개인가요? 예, 네 개입니다.

4. 몸집이 작은가요? 아니요, 큽니다.

5. 코가 긴가요? 예, 무척 깁니다.

A. 정답은 ☐☐☐ 입니다. (힌트 : 8단계에 나오는 낱말이에요)

정 답

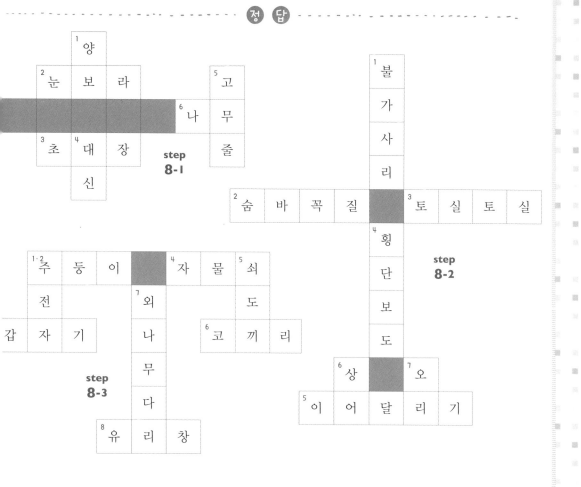

step 8-1

```
      ¹양
²눈 보 라        ⁵고
            ⁶나 무
³초 ⁴대 장        줄
      신
```

step 8-2

```
            ¹불
            가
            사
            리
²숨 바 꼭 질    ³토 실 토 실
            ⁴횡
            단
            보
            도
        ⁶상    ⁷오
        ⁵이 어 달 리 기
```

step 8-3

```
¹·²주 둥 이    ⁴자 물 ⁵쇠
전        ⁷외    도
갑 자 기    나    ⁶고 끼 리
        무
        다
    ⁸유 리 창
```

• 수수께끼 정답 : 주전자 • 속담 정답 : 오리 • 다섯 고개 놀이 정답 : 코끼리

<*삼지창 모양> 낱말 퍼즐

<가로 열쇠>

2 새로운 소식을 빨리 보도하는 정기 간행물. (국어 활동❸-가, 82쪽)

예) 아버지께서는 아침마다 ○○을 보신다. ⓗ 신문지 ⓔ newspaper

5 어머니를 정답게 부르는 말. (나❷, 53쪽)

예) ○○ 앞에서 짝짜꿍 아빠 앞에서 짝짜꿍. ⓑ 아빠 ⓔ mom

<세로 열쇠>

1 고무로 만든 신. (국어 활동❸-가, 22쪽)

예) 우리 아빠는 어릴 때 검정 ○○○을 신었대요. ⓔ rubber shoes

3 세 개의 *선분으로 둘러싸인 평면 도형. (수학❸, 54쪽)

예) 트라이앵글은 ○○○ 모양이에요. ⓗ 세모 ⓔ triangle

4 어린아이가 처음 걸음을 배울 때의 걸음걸이. (나❷, 53쪽)

예) 귀여운 아기가 이제 막 ○○○를 떼었어요. ⓔ toddle

6 조갯살을 겉에서 싸고 있는 단단한 물질. 조개껍질. (가족❷, 79쪽)

예) 바닷가에서 ○○○○○를 주워 목걸이를 만들었어요. ⓔ sea shell

* **삼지창 :** 끝이 세 갈래로 갈라진 창.

* **선분 :** 직선 위에서 그 위의 두 점에 한정된 부분.

<횡단보도 모양> 낱말 퍼즐

1	2			■	5	
■		■	4		■	
3		■		6		7

1 사물을 빗대어서 그 말의 뜻을 알아맞히는 놀이. (국어 활동❸−가. 60쪽)

    예) 내가 ○○○○를 낼 테니까 알아맞혀 봐. ⑧ puzzle

3 머리털의 낱개. (나❷. 9쪽)

    예) 꼭꼭 숨어라 ○○○○ 보일라. ⑧ hair

5 물건의 이름이 적힌 쪽지를 여러 곳에 감추어 두고 찾는 놀이. (수학❸. 84쪽)

    예) 우리는 소풍을 가서 ○○○○ 놀이를 하였어요. ⑧ treasure hunt

6 양편 팔 밑의 오목한 곳. (나❷. 30쪽)

    예) 나는 동생의 ○○○○를 간질였어요. ⑧ armpit

2 닭의 수컷. (국어 활동❸−가. 33쪽)

    예) 속담 꽁지 빠진 ○○ 같다. ⑧ rooster

4 바람이나 가스를 불어 넣어 공중에 뜨게 하는 기구. (수학 익힘❸. 141쪽)

    예) 행사를 알리는 색색의 ○○이 하늘 위로 두둥실 떠올랐어요. ⑧ balloon

7 어떤 사물이나 상대를 좋아하는 마음. (나❷. 68쪽)

    예) 엄마, 아빠 ○○해요. ⑧ love

〈절 기호 모양〉 낱말 퍼즐

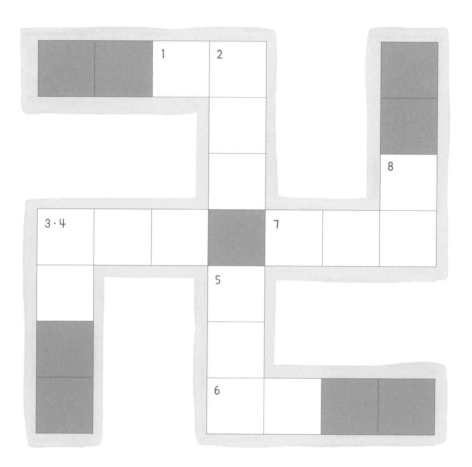

〈가로 열쇠〉

1 거죽이 *두툴두툴하고 기다란 열매가 열리는 한해살이 덩굴풀. (국어 활동❸-가, 128쪽)

예) 우리 엄마는 가끔 ○○ 마사지를 해요. 영 cucumber

3 비가 내리면서 부는 바람. (국어❸-가, 59쪽)

예) ○○○ 속을 헤치고 달려가는 기차. 영 rainstorm

6 누워 잘 때 몸을 덮는 물건. (나❷, 60쪽)

예) 토라진 누나는 ○○을 뒤집어쓰고 자는 척했어요. 영 blanket

7 환자의 몸 안에서 나는 소리를 듣는 의료 기구. (나❷, 46쪽)

예) 주사기, ○○○, 체온계, 반창고는 병원에서 사용하는 도구예요. 영 stethoscope

〈세로 열쇠〉

2 어떤 일이 있는 그 다음의 날. (국어❸-가, 59쪽)

예) 밤새 아팠던 동생이 ○○○ 아침에 말끔히 나았어요. 영 next day

4 특히 머리에 생기는 흰색의 부스러기. (나❷, 37쪽)

예) 으하하, 우리는 ○○을 좋아하는 세균이지. 영 dandruff

5 책을 세워서 꽂아 두는 장치. (수학❸, 137쪽)

예) 책은 아무 데나 두면 안 돼요. ○○○에 잘 꽂아 두어야 해요. 비 책장 영 bookcase

8 어떤 대상이 쏠리는 대중의 높은 관심이나 좋아하는 기운. (나❷, 84쪽)

예) 원숭이 흉내를 잘 내는 민수는 우리 반의 ○○ 스타예요. 영 popularity

* **두툴두툴** : 물체의 겉에 불룩한 것들이 솟아 나거나 붙어 있어 고르지 않은 모양.

Q. 불은 불인데 뜨겁지 않은 불은 뭐게?

A. 정답은 □□ 입니다. (힌트 : 9단계에 나오는 낱말이에요)

자식을 키워 봐야 부모 ○○ 을 안다.

A. 정답은 □□ 입니다. (힌트 : 9단계에 나오는 낱말이에요)

1. 식물인가요? 예, 식물입니다.

2. 꽃인가요? 아니요, 열매입니다.

3. 동그란가요? 아니요, 길쭉합니다.

4. 매끈매끈한가요? 아니요, 우둘투둘합니다.

5. 초록색인가요? 예, 초록색입니다.

A. 정답은 ☐☐ 입니다. (힌트 : 9단계에 나오는 낱말이에요)

- - - - - - 정 답 - - - - - -

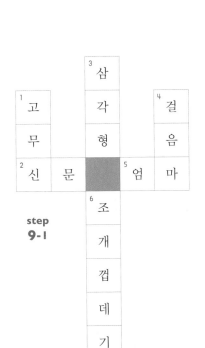

step 9-1

	³삼		⁴걸
¹고	각		음
무	형		
²신	문	⁵엄	마
	⁶조		
	개		
	껍		
	데		
	기		

step 9-2

¹수	²수	께	끼		⁵보	물	찾	기
	탉			⁴풍				
				선			⁷사	
³머	리	카	락		⁶겨	드	랑	이

step 9-3

			¹오	²이			
				튿			
				날		⁸인	
³·⁴비	바	람		⁷청	진	기	
듬			⁵책				
			꽂				
		⁶이	불				

• **수수께끼 정답** : 이불 • **속담 정답** : 사랑 • **다섯 고개 놀이 정답** : 오이

<선풍기 모양> 낱말 퍼즐

〈가로 열쇠〉

1 동물이나 사람의 모습을 하고 있으며, 여러 가지 재주를 가진 귀신.
(국어❸-가, 38쪽)

예) 이상하고 아름다운 ○○○ 나라, 방망이로 두드리면 무엇이 될까? 영 goblin

3 어떤 사물이나 사실, 현상에 대하여 일정한 줄거리를 가지고 하는 말이
나 글. (봄❷, 8쪽)

예) 할머니 곁에 모두 옹기종기 모여서 옛날 ○○○를 듣지요. 영 story

6 바퀴가 세 개 달린 조그만 자전거. (국어❸-가, 135쪽)

예) 난 두발자전거, 동생은 ○○○○○를 타고 놀았어요. 영 tricycle

〈세로 열쇠〉

2 각을 이루고 있는 두 변이 만나는 점. (수학❸, 55쪽)

예) 삼각형은 변도 3개, 각도 3개, ○○○도 3개예요. 영 vertex

4 다른 새의 둥지에 알을 낳아 까게 하는 여름새. (봄❷, 66쪽)

예) 뻐꾹뻐꾹 ○○○의 노래가 뻐꾹뻐꾹 은은하게 들리네. 영 cuckoo

5 빛에 물건이 가리어져 나타난 검은 모양. (국어 활동❸-가, 113쪽)

예) 운동장에서 ○○○밟기 놀이를 하였어요. 영 shadow

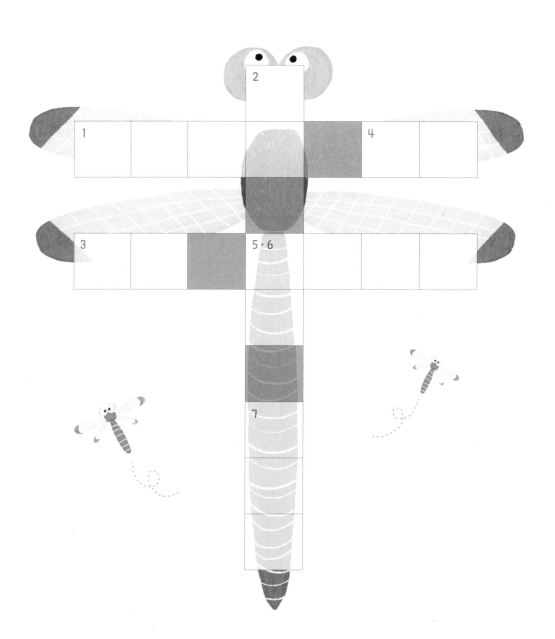

1 심술이 매우 많은 사람을 귀엽게 이르는 말. (국어 활동❸—가, 93쪽)

　예) 심술이 많은 내 동생의 별명은 ○○○○예요. ⑪ 심술꾸러기 ⑬ nasty person

3 콩물을 끓인 다음 *간수를 넣어 엉기게 하여 만든 음식. (국어❸—가, 43쪽)

　예) 둘 하면 ○○장수 ○○를 판다고 찰찰찰. ⑬ bean curd

4 자물쇠를 여는 데 쓰는 물건. (국어 활동❸—가, 61쪽)

　예) ○○와 자물쇠는 단짝이에요. ⑫ 자물쇠 ⑬ key

5 이른 봄에 꽃이 필 무렵의 추위. (봄❷, 31쪽)

　예) 봄인데도 겨울처럼 추운 것은 ○○○○ 때문이에요. ⑪ 봄샘추위

2 서로 같지 아니하고 다름. (수학❸, 117쪽)

　예) 우리 형제는 나이가 한 살밖에 ○○가 안 나요. ⑬ difference

6 꽃을 파는 가게. (국어 활동❸—가, 55쪽)

　예) ○○에서는 장미, 백합, 카네이션 등 여러 가지 꽃을 팔아요. ⑬ flower shop

7 애벌레가 성충으로 되는 과정 중에 자루 같은 고치 속에 죽은 듯이
　들어 있는 애벌레. (수학❸, 98쪽)

　예) 누에나방은 '알→애벌레→○○○→성충' 순서로 완전 탈바꿈을 해요. ⑬ pupa

＊ **간수** : 습기가 찬 소금에서 저절로 녹아 흐르는 짜고 쓴 물. 두부를 만들 때 사용함.

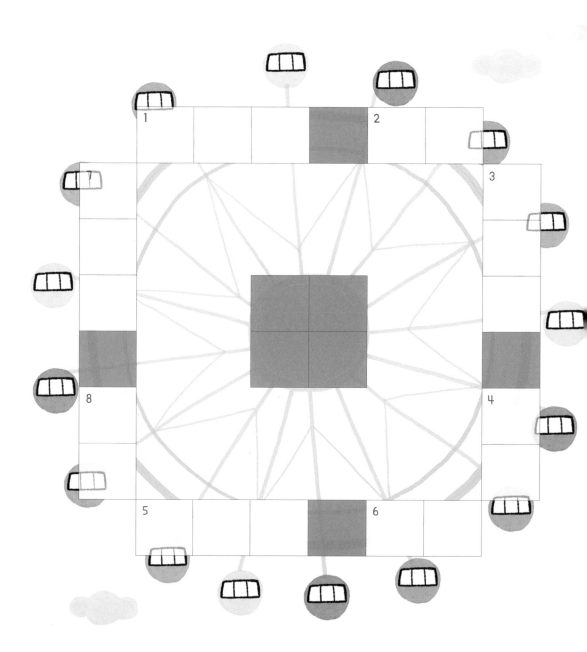

<가로 열쇠>

1 드디어 마지막에는. (국어 활동❸-가, 103쪽)

예) 에디슨은 2,000번의 실패 끝에 ○○○ 전구를 발명했대요. ⑲ finally

2 날이 새면서 오전 반나절쯤까지의 동안. (국어❸-가, 31쪽)

예) 속담 ○○에 까치가 울면 좋은 일이 있고 밤에 까마귀가 울면 나쁜 일이 있다.

⑪ 저녁 ⑲ morning

5 연필 속에 들어 있는 가느다란 심. (국어 활동❸-가, 61쪽)

예) 힘을 주어 글씨를 쓰다가 ○○○이 툭 부러졌어요. ⑲ lead

6 지금 이 날. (국어❸-가, 64쪽)

예) ○○은 바빠서 안 돼. 내일 보자. ⑪ 금일 ⑲ today

<세로 열쇠>

3 서울 도성의 남쪽 정문이라는 뜻. 숭례문. (수학❸, 38쪽)

예) 우리나라의 국보 1호는 ○○○○이에요.

4 사람이나 동물 모양으로 만든 장난감. (수학❸, 188쪽)

예) 꼭두각시 ○○ 피노키오 나는 네가 좋구나. ⑲ doll

7 사실과 다르게 꾸며 하는 말. (국어❸-가, 53쪽)

예) 입에 침도 안 바르고 ○○○하지 마. ⑪ 정말 ⑲ lie

8 봄철에 오는 비. (봄❷, 32쪽)

예) 속담 ○○는 잠비요 가을비는 떡비라. ⑲ spring rain

Q. 깎으면 깎을수록 길어지는 것은 뭐게?

A. 정답은 □□□ 입니다. (힌트 : 10단계에 나오는 낱말이에요)

○○ 먹다 이 빠진다.

A. 정답은 □□ 입니다. (힌트 : 10단계에 나오는 낱말이에요)

다섯 고개 놀이

1. 동물인가요? 예, 동물입니다.

2. 걸어 다니나요? 아니요, 날아다닙니다.

3. 텃새인가요? 아니요, 철새입니다.

4. 남의 둥지에 알을 낳나요? 예, 그렇습니다.

5. '부엉부엉' 하고 우나요? 아니요, '뻐꾹뻐꾹' 하고 웁니다.

A. 정답은 ☐☐☐ 입니다. (힌트 : 10단계에 나오는 낱말이에요)

정 답

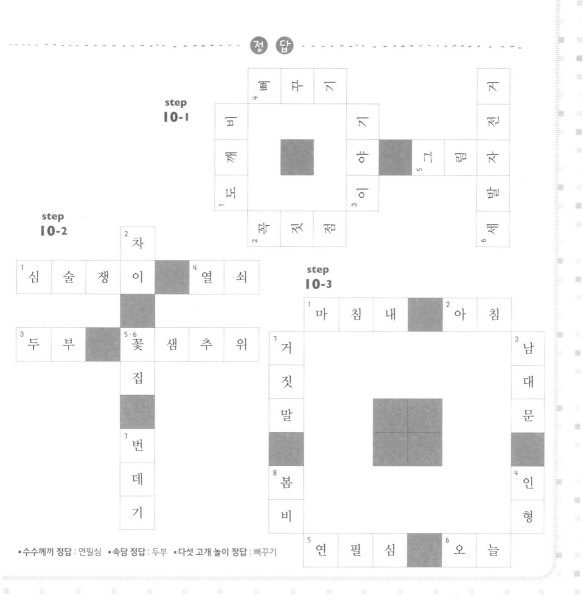

step
10-1

step
10-2

step
10-3

• 수수께끼 정답 : 연필심 • 속담 정답 : 두부 • 다섯 고개 놀이 정답 : 뻐꾸기

〈철봉 모양〉 낱말 퍼즐

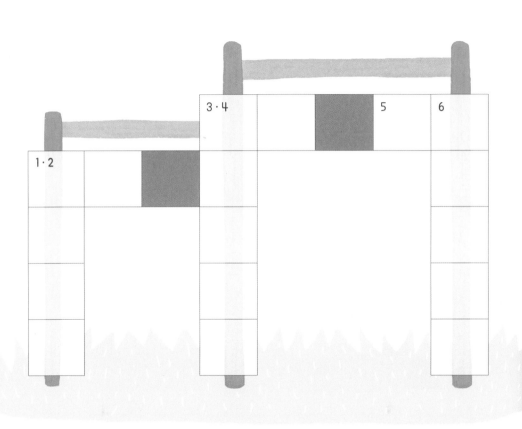

🔍 〈가로 열쇠〉

1 사리를 헤아려 앎. 잘 알아서 받아들임. (가족❷, 80쪽)

예) 왜 저런 행동을 하는지 ○○하기 힘들어요. 영 understanding

3 한 정부가 다스리는 구획. (가족❷, 76쪽)

예) 하느님이 보우하사 우리○○ 만세! 비 국가 영 country

5 재주나 기술을 겨루는 큰 모임. (국어 활동❸-나, 294쪽)

예) 영어 말하기 ○○에 나가 우수상을 받았어요. 영 competition

🔍 〈세로 열쇠〉

2 이모의 자녀를 이르는 말. (가족❷, 8쪽)

예) 이모와 ○○○○ 형이 나를 반겨 주었어요. 영 cousin

4 나무로 만든 젓가락. (수학 익힘❸, 93쪽)

예) 한 번만 쓰고 버리는 종이컵, ○○○○○ 따위를 일회용품이라고 해요.
영 wooden chopsticks

6 갑자기 일어나는 바람으로 먼지 따위를 하늘로 말아 올리는 바람.

(국어 활동❸-나, 291쪽)

예) ○○○○○이 불어 모자가 날아갔어요. 비 돌개바람 영 whirlwind

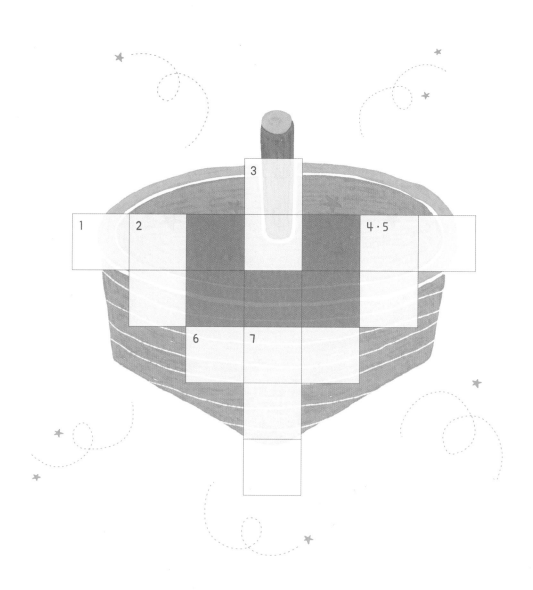

🔑 〈가로 열쇠〉

1 이마나 뒤통수가 남달리 크게 튀어나온 머리통. _(국어❸−가, 35쪽)

   예) 만화 영화 '○○는 못 말려'를 보면 웃음이 절로 나요. 영 bulging head

4 부부를 기초로 하여 핏줄로 이어져 한 집안을 이루는 사람들. _(가족❷, 8쪽)

   예) 우리 ○○은 아버지, 어머니, 나, 동생 네 명이에요. 비 식구 영 family

6 햇빛이 공중에 떠 있는 무수한 물방울을 비출 때 나타나는
   반원 모양의 일곱 빛깔 줄. _(국어❸−나, 317쪽)

   예) 빨주노초파남보 일곱 빛깔 ○○○가 아름다워요. 영 rainbow

🔑 〈세로 열쇠〉

2 유리로 둥글게 만든 놀이 기구. _(수학❸, 92쪽)

   예) 친구들과 운동장에서 ○○치기 놀이를 했어요. 영 marble

3 임금의 아들. _(국어 활동❸−나, 290쪽)

   예) 마법에 걸린 개구리 ○○는 결국 어떻게 될까요? 영 prince

5 옷감, 종이를 오리는 데 쓰는 쇠로 만든 기구. _(가족❷, 79쪽)

   예) ○○로 예쁜 무늬를 오려 보세요. 영 scissors

7 글씨를 지우는 물건. _(국어❸−나, 317쪽)

   예) 삐뚤빼뚤 못 쓴 글씨는 ○○○로 지워요. 영 eraser

<강아지 모양> 낱말 퍼즐

<가로 열쇠>

2 물고기를 기르는 유리 항아리. (수학 익힘❸, 142쪽)

예) ○○에 금붕어 세 마리를 키워요. 영 fishbowl

3 얼마의 시간이 지난 뒤. 다른 일을 먼저 한 뒤의 차례. (국어❸-가, 74쪽)

예) 먼저 간 개미는 ○○에 개미가 길을 잃지 않도록 냄새를 묻히며 가요. 반 먼저 영 after

6 음의 장단과 강약이 일정한 규칙에 따라 되풀이되는 것. (나❷, 24쪽)

예) 탬버린으로 ○○을 치며 노래를 불러 보세요. 영 rhythm

8 언니와 여동생 사이. (가족❷, 14쪽)

예) 이모는 어머니의 ○○예요. 반 형제 영 sister

<세로 열쇠>

1 물건을 넣어 들고 다니거나 메고 다닐 수 있도록 만든 주머니. (국어❸-나, 242쪽)

예) 책○○을 메고 학교에 가요. 영 bag

4 나무의 줄기나 가지를 가로로 자른 면에 나타나는 둥근 둘레. (국어❸-나, 316쪽)

예) ○○○를 보면 나무의 나이를 알 수 있어요. 영 growth ring

5 담 대신에 풀이나 나무 따위를 얽어서 집을 둘러막은 물건. (국어❸-나, 282쪽)

예) 속담 ○○○를 허니까 이웃집 개가 드나든다. 영 fence

7 딸이 낳은 아들. (가족❷, 12쪽)

예) 외할아버지에게 나와 여동생은 ○○○와 외손녀가 됩니다. 반 친손자 영 grandson

Q. 개는 개인데 물지 않는 개는 뭐게?

A. 정답은 ☐☐☐ 입니다. (힌트 : 11단계에 나오는 낱말이에요)

○○이 서 말이라도 꿰어야 보배다.

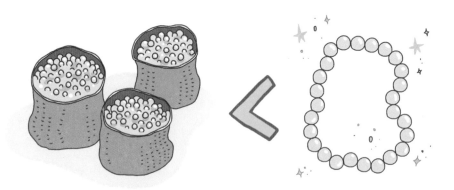

A. 정답은 ☐☐ 입니다. (힌트 : 11단계에 나오는 낱말이에요)

다섯 고개 놀이

1. 장난감인가요? 아니요, 학용품입니다.

2. 딱딱한가요? 예, 딱딱합니다.

3. 동그란가요? 아니요, 길쭉합니다.

4. 나무로 만들었나요? 아니요, 쇠로 만들었습니다.

5. 종이를 자를 때 쓰나요? 예, 그렇습니다.

A. 정답은 ☐☐ 입니다. (힌트 : 11단계에 나오는 낱말이에요)

정 답

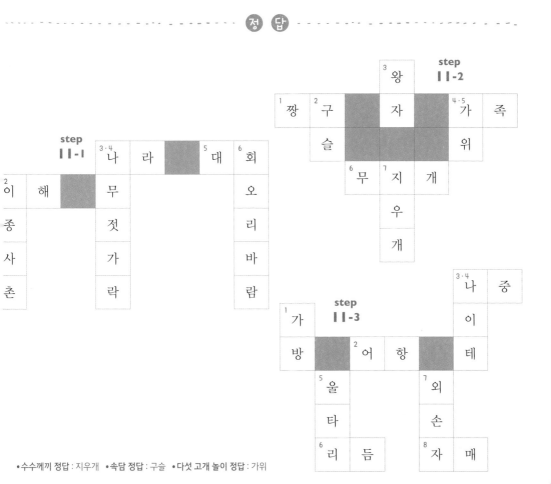

🔑 〈가로 열쇠〉

3 단어나 문장 등을 연결시킬 때에 쓰는 낱말. (국어❸-나, 293쪽)

예) 나는 책읽기를 좋아해요. ○○○ 글쓰기도 좋아해요. ㉫ 또 ㉰ and

6 날개를 전동기로 돌려 바람을 일으키는 기계. (여름❷, 89쪽)

예) 요즈음에는 부채 대신 ○○○나 에어컨을 사용해요. ㉰ fan

🔑 〈세로 열쇠〉

1 부칠 편지를 넣는 통. (국어 활동❸-나, 226쪽)

예) 빨간 ○○○에 편지를 넣었어요. ㉰ letterbox

2 여름에 붉은색, 흰색의 꽃을 피우는 여러해살이풀. (수학 익힘❸, 125쪽)

예) 빨간 색종이로 어버이날에 드릴 ○○○○을 만들었어요. ㉰ carnation

4 앞과 뒤의 내용이 상반될 때에 쓰는 낱말. (국어❸-나, 293쪽)

예) 나는 그림을 잘 그려요. ○○○ 글짓기는 못 해요. ㉰ but

5 쓸모없게 되어 버려야 될 것들. (여름❷, 29쪽)

예) ○○○는 쓰레기통에 버리세요. ㉫ 찌꺼기 ㉰ garbage, litter

〈수저 모양〉 낱말 퍼즐

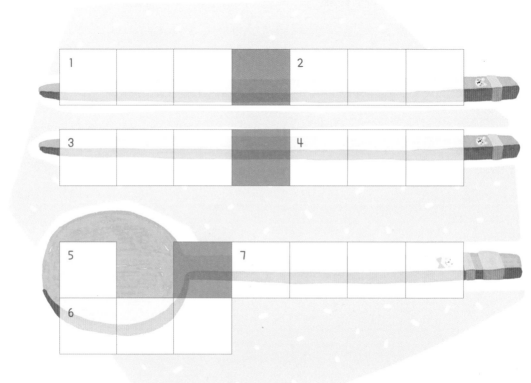

🔑 〈가로 열쇠〉

1 땅속에 터널을 파고 설치한 철도. (국어❸-나, 216쪽)

예) 버스나 ○○○ 같은 대중교통을 이용하세요. ⓑ 지하철도 ⓔ subway

2 임진왜란 때 거북선을 만들어 싸움에서 큰 승리를 거둔

조선 시대의 장군. (수학 익힘❸, 120쪽)

예) 광화문에는 ○○○ 장군 동상이 위풍당당하게 서 있어요.

3 이른 아침에 피었다가 햇빛을 보면 시드는 나팔 모양으로 생긴 꽃. (국어❸-나, 316쪽)

예) 햇님이 방긋 웃는 이른 아침에 ○○○ 아가씨 나팔 불어요. ⓔ morning glory

4 동물들이 땅속이나 굴속에서 활동하지 않고 겨울을 지내는 일. (국어 활동❸-나, 228쪽)

예) 곰, 개구리, 뱀은 ○○○을 자는 동물이에요. ⓑ 동면 ⓔ hibernation

6 수박, 참외 등을 심은 밭을 지키기 위해 높게 지어 놓은 막. (여름❷, 90쪽)

예) 높다란 ○○○에 앉아 더위를 피해요.

7 따뜻한 곳을 좋아하고 음식물과 옷에 해를 끼치는 벌레. (여름❷, 28쪽)

예) 모기, 파리, ○○○○는 여름철에 우리의 건강을 해치는 해충이에요. ⓔ cockroach

🔑 〈세로 열쇠〉

5 환자를 진찰하고 치료하는 곳. (나❷, 42쪽)

예) 다리가 부러져 ○○에 가서 깁스를 했어요. ⓔ hospital

<피라미드 모양> 낱말 퍼즐

🔑 〈가로 열쇠〉

1 설탕을 기계로 돌려 솜처럼 부풀려 만든 과자. (국어 활동❸-나, 319쪽)

예) 입 안에서 사르르 녹는 달콤한 ○○○. (영) cotton candy

3 지금 이 날. (국어❸-나, 214쪽)

예) ○○은 바빠서 안 돼. 내일 보자. (비) 금일 (영) today

6 거북과 비슷하게 생긴 동물. (국어❸-나, 276쪽)

예) ○○는 용왕님께 토끼를 잡아오겠다고 말했어요. (영) terrapin

7 대오리로 길고 둥글게 엮어 사람의 몸과 비슷한 크기로 만든 기구. (여름❷, 88쪽)

예) 더운 여름에 ○○○을 안고 자면 시원하답니다.

🔑 〈세로 열쇠〉

2 병을 치료하는 사람. (국어 활동❸-나, 288쪽)

예) 우리 아빠는 아픈 사람을 치료해 주는 ○○예요. (비) 의원 (영) doctor

4 어두운 부분. 응달. (여름❷, 79쪽)

예) 커다란 나무 ○○ 아래에서 사람들이 더위를 식혀요. (영) shade

5 사람이 걸터앉는 데 쓰는 기구. (국어 활동❸-나, 288쪽)

예) 허리를 곧게 펴고 엉덩이를 ○○ 뒤쪽에 붙여 앉아야 해요. (비) 걸상 (영) chair

8 학문이나 기술을 배움. (여름❷, 94쪽)

예) 오늘은 어떤 ○○를 할까? (영) study

Q. 다리가 네 개 있어도 걷지 못하는 것은 뭐게?

A. 정답은 □□ 입니다. (힌트 : 12단계에 나오는 낱말이에요)

○○ 보고 놀란 가슴 솥뚜껑 보고 놀란다.

A. 정답은 □□ 입니다. (힌트 : 12단계에 나오는 낱말이에요)

1. 학용품인가요? 아니요, 전기용품입니다.

2. 겨울에 쓰나요? 아니요, 여름에 씁니다.

3. 날개가 있나요? 예, 날개가 있습니다.

4. 풍차를 닮았나요? 예, 닮았습니다.

5. 시원한 바람을 일으키나요? 예, 그렇습니다.

A. 정답은 ☐ ☐ ☐ 입니다. (힌트 : 12단계에 나오는 낱말이에요)

----------------------------- 정 답 -----------------------------

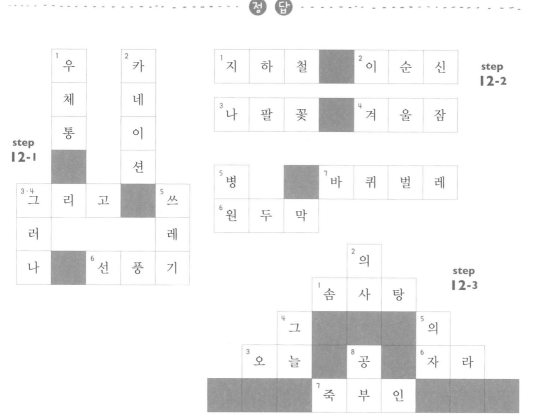

• **수수께끼 정답** : 의자 • **속담 정답** : 자라 • **다섯 고개 놀이 정답** : 선풍기

〈햇살 모양〉 낱말 퍼즐

		2		

1

3

4

5·6

<가로 열쇠>

1 우리나라 글자의 이름. (가족**2**, 80쪽)

예) ○○은 14개의 자음과 10개의 모음으로 이루어졌어요. ⑪ 훈민정음
⑱ Hangul, Korean alphabet

3 그림 동화집에 나오는 옛이야기. 아름다운 공주가 독이 든 사과를 먹고
잠들어 벌어지는 내용. (나**2**, 84쪽)

예) 그림 형제는 '○○○○와 일곱 난쟁이'를 지었어요. ⑱ Snow White

4 불어서 소리를 내는 신호용 도구. (국어**3**-나, 259쪽)

예) 체육 선생님이 ○○○○를 불자 축구 경기가 시작되었어요. ⑪ 호각 ⑱ whistle

5 방학을 마치고 수업을 다시 시작함. (나**2**, 8쪽)

예) 방학이 끝나고 ○○을 맞았어요. ⑲ 방학 ⑱ opening

<세로 열쇠>

2 강철 막대를 정삼각형으로 구부려 한쪽 끝을 실로 매달고 금속 봉을 두드
려 소리를 내는 타악기. (수학**3**, 181쪽)

예) 캐스터네츠 짝짝짝, 탬버린은 찰찰찰, ○○○○○은 칭칭칭. ⑱ triangle

6 개구리처럼 두 발을 함께 오므렸다가 뻗치며 치는 헤엄. (여름**2**, 59쪽)

예) 형은 ○○○○○을 치고 나는 땅을 짚고 물장구를 쳤어요. ⑪ 평영 ⑱ breaststroke

<시상대 모양> 낱말 퍼즐

🔑 〈가로 열쇠〉

1 ① 밥을 담는 작은 그릇.

② 밥을 담는 작은 그릇에 반찬을 곁들여 담는 밥. (국어❸-나, 266쪽)

예) 소풍 가방에 ○○○, 간식, 돗자리를 넣었어요. ⑲ lunch box, lunch

2 도와주거나 보살펴 주려고 마음을 씀. (가족❷, 80쪽)

예) 당신의 관심과 ○○에 감사합니다. ⑲ care

5 여러 가지 상품을 벌여 놓고 파는 큰 규모의 상점. (수학❸, 187쪽)

예) 엄마와 함께 물건을 사러 ○○○에 갔어요. ⑲ department store

6 우리나라의 언어. 한국어. (국어 활동❸-나, 248쪽)

예) ○○ 시간에 받아쓰기를 했어요. ⑪ 한국어 ⑲ Korean (language)

🔑 〈세로 열쇠〉

3 먹은 음식이 체하여 설사가 나는 병. (나❷, 8쪽)

예) 찬 음식을 많이 먹어 ○○이 났어요. ⑪ 배앓이 ⑲ stomachache

4 어린이를 위하여 지은 재미있고 교훈적인 이야기. (수학❸, 196쪽)

예) '인어 공주'는 어린이가 좋아하는 ○○예요. ⑲ children's story

7 대강 짐작으로 헤아림. (수학❸, 158쪽)

예) 연필의 길이는 ○○해서 10cm쯤 될 것 같아. ⑪ 어림짐작 ⑲ rough

〈참새 모양〉 낱말 퍼즐

🔑 〈가로 열쇠〉

1 손에 쥐고 흔들어 바람을 일으키는 물건. (여름❷, 88쪽)

예) 속담 불난 집에 ○○질 한다. ⑲ fan

3 콩에 물을 주어 뿌리를 내리게 한 것. (국어❸-나, 316쪽)

예) ○○○처럼 키가 쑥쑥 자라고 싶어요. ⑲ bean sprout

5 초등 학교에 들어가기 전 어린이가 다니는 교육 기관. (나❷, 53쪽)

예) ○○○을 졸업하고 초등 학교에 입학했어요. ⑲ kindergarten

8 임금의 높임말. (국어 활동❸-나, 280쪽)

예) ○○○ 귀는 당나귀 귀. ⑲ king

🔑 〈세로 열쇠〉

2 어떤 일을 해 달라고 요청하거나 맡김. (국어 활동❸-나, 213쪽)

예) 내 ○○ 좀 들어 줄래? ⑲ request

4 초하루로부터 넷째 되는 날. (국어 활동❸-나, 284쪽)

예) 하루, 이틀, 사흘, ○○, 닷새, 엿새…… ⑲ four days

6 이와 입 안의 병을 치료하는 곳. (나❷, 44쪽)

예) 충치를 치료하러 ○○에 갔어요. ⑲ dental clinic

7 자, 저울, 온도계 따위에 표시된 금. (수학 익힘❸ 97쪽)

예) 자의 작은 ○○ 하나의 길이는 1mm예요. ⑲ gradation

Q. 더울 때에는 일하고 추울 때에는 쉬는 것은 뭐게?

A. 정답은 □□ 입니다. (힌트 : 13단계에 나오는 낱말이에요)

잔칫날 신랑의 길은 ○○○ 행차도 막지 못한다.

A. 정답은 □□□ 입니다. (힌트 : 13단계에 나오는 낱말이에요)

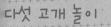 다섯 고개 놀이

1. 악기인가요? 예, 악기입니다.
2. 가락악기인가요? 아니요, 타악기입니다.
3. 나무로 만들었나요? 아니요, 철로 만들었습니다.
4. 네모난가요? 아니요, 세모납니다.
5. '칭칭칭' 소리가 나나요? 예, 그렇습니다.

A. 정답은 ☐☐☐☐☐ 입니다. (힌트 : 13단계에 나오는 낱말이에요)

 정 답

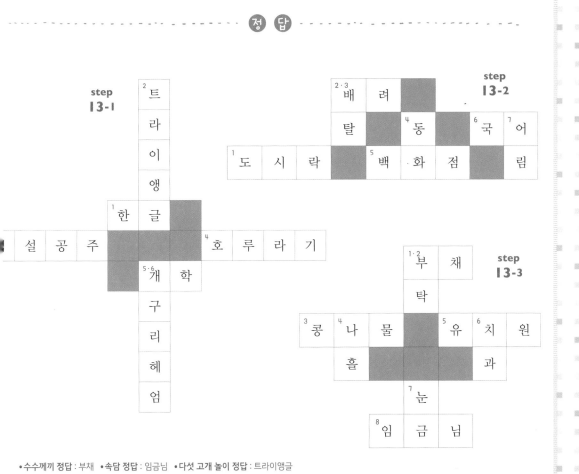

step 13-1

		²트	
		라	
		이	
		앵	
	¹한	글	
설	공	주	⁴호 루 라 기
	⁵·⁶개	학	
	구		
	리		
	헤		
	엄		

step 13-2

²·³배	려			
탈		⁴동	⁶국	⁷어
¹도 시 락		⁵백 화 점		림

step 13-3

¹·²부	채	
탁		
³콩	⁴나 물	⁵유	⁶치 원
	흘		과
	⁷눈		
	⁸임	금	님

• **수수께끼 정답** : 부채 • **속담 정답** : 임금님 • **다섯 고개 놀이 정답** : 트라이앵글

〈강아지 모양〉 낱말 퍼즐

1 글씨를 붓으로 쓰는 예술. (국어 활동④―가, 119쪽)

예) 붓글씨를 배우러 ○○ 학원에 갔어요. 비) 붓글씨 영) calligraphy

3 주로 시골에서 여러 집이 모여 사는 곳. (이웃②, 8쪽)

예) 할머니는 건넛○○ 아저씨 댁에 가셨어요. 비) 동네 영) village

5 금으로 만든 메달. (수학④, 107쪽)

예) 올림픽에서 ○○○ 4개, 은메달 5개, 동메달 6개를 땄어요. 영) gold medal

2 존경의 뜻을 표하기 위하여 예로써 나타내는 말투나 몸가짐. (국어 활동④―가, 118쪽)

예) 친한 사이일수록 ○○를 지켜야 해요. 비) 예절 영) manner

4 사람이 본래부터 지닌 성격이나 품성. (국어④―가, 10쪽)

예) 우리들 ○○에 빛이 있다면 여름엔 여름엔 파랄 거예요. 영) mind

6 은으로 만든 메달. (수학④, 107쪽)

예) 1위는 금메달, 2위는 ○○○, 3위는 동메달이에요. 영) silver medal

〈버섯 모양〉 낱말 퍼즐

〈가로 열쇠〉

1 이를 닦고 입 안을 물로 헹구는 일. (국어❹-가, 22쪽)

  예) 밥을 먹은 뒤에는 꼭 ○○○을 해야 해요. 비) 칫솔질 영) gargle

3 구경하러 먼 길을 떠나는 일. (국어❹-가, 10쪽)

  예) 우리 가족은 여름 방학이 되어 바닷가로 ○○을 갔어요. 영) travel

6 해가 질 무렵부터 밤이 되기까지의 사이. (수학❹, 117쪽)

  예) ○○에 가족과 함께 영화를 봤어요. 영) evening

〈세로 열쇠〉

2 세균에 의하여 벌레 먹은 것처럼 상하게 된 이. (나❷, 37쪽)

  예) 단 것을 많이 먹고 이를 닦지 않으면 ○○가 생겨요. 영) cavity

4 저금을 하는 곳. (이웃❷, 22쪽)

  예) 저축을 하러 ○○에 갔어요. 영) bank

5 시간상으로나 순서에 있어서 앞선 때. (이웃❷, 55쪽)

  예) 속담 꼬리 ○○ 친 개가 밥은 나중에 먹는다. 반) 나중 영) first

7 달걀, 우유, 설탕, 향료 따위를 섞은 것을 얼려 만든 과자. (국어❹-가, 21쪽)

  예) 더운 여름에는 시원한 ○○○○○이 최고예요. 영) icecream

<로봇 모양> 낱말 퍼즐

2 물건을 요구하는 장소까지 직접 배달해 주는 일. (이웃❷, 17쪽)

　예) 주문한 물건을 ○○로 받았어요. 영 parcel service

4 시각 장애인을 위해 손가락으로 더듬어 읽도록 만든 글자. (수학❹, 205쪽)

　예) 루이 브라유(Louis Braille)는 시각 장애인을 위한 ○○를 처음으로 만들었어요. 영 braille

1 다른 곳에서 찾아온 사람. (이웃❷, 16쪽)

　예) ○○, 어디로 모셔다 드릴까요? 반 주인　영 guest

3 요금을 받고 손님이 원하는 곳까지 태워다 주는 영업용 승용차. (이웃❷, 17쪽)

　예) 힘들 텐데 우리 ○○ 타고 갈까? 영 taxi

5 연필, 붓 따위의 필기 도구를 세는 단위. (수학 익힘❹, 7쪽)

　예) 연필 한 다스는 열두 ○○입니다.

6 사과나무의 열매. (국어 활동❹-가, 98쪽)

　예) ○○ 같은 내 얼굴 예쁘기도 하지요. 영 apple

7 사람의 외모나 성격 따위의 특징을 따서 남이 지어 부르는 이름. (국어❹-가, 21쪽)

　예) 뭐든지 잘 먹는 내 동생의 ○○은 꿀돼지예요. 영 nickname

8 닭이 낳은 알. (국어❹-가, 128쪽)

　예) 닭이 먼저일까, ○○이 먼저일까? 영 egg

Q. 잘못하였을 때에 먹는 과일은 뭐게?

A. 정답은 ☐☐ 입니다. (힌트 : 14단계에 나오는 낱말이에요)

○○로 바위 치기.

A. 정답은 ☐☐ 입니다. (힌트 : 14단계에 나오는 낱말이에요)

다섯 고개 놀이

1. 탈것인가요? 예, 탈것입니다.

2. 하늘을 날아다니나요? 아니요, 땅 위를 다닙니다.

3. 주로 짐을 싣고 다니나요? 아니요, 사람을 태웁니다.

4. 원하는 곳까지 태워다 주나요?

예, 목적지까지 태워다 줍니다.

5. 요금을 내나요? 예, 이동한 거리만큼 요금을 냅니다.

A. 정답은 ☐☐ 입니다. (힌트 : 14단계에 나오는 낱말이에요)

----- 정 답 -----

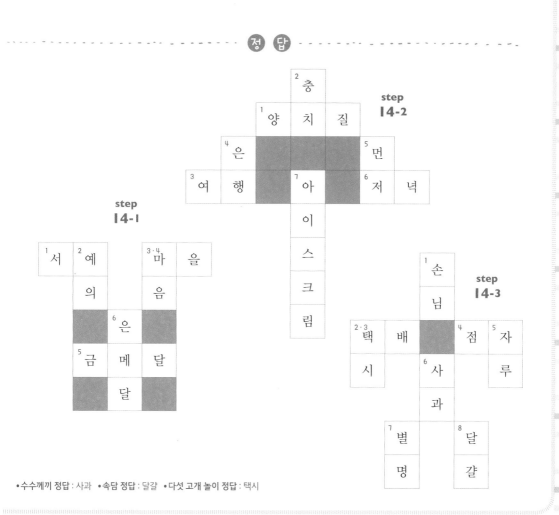

• 수수께끼 정답 : 사과 • 속담 정답 : 달걀 • 다섯 고개 놀이 정답 : 택시

〈허수아비 모양〉 낱말 퍼즐

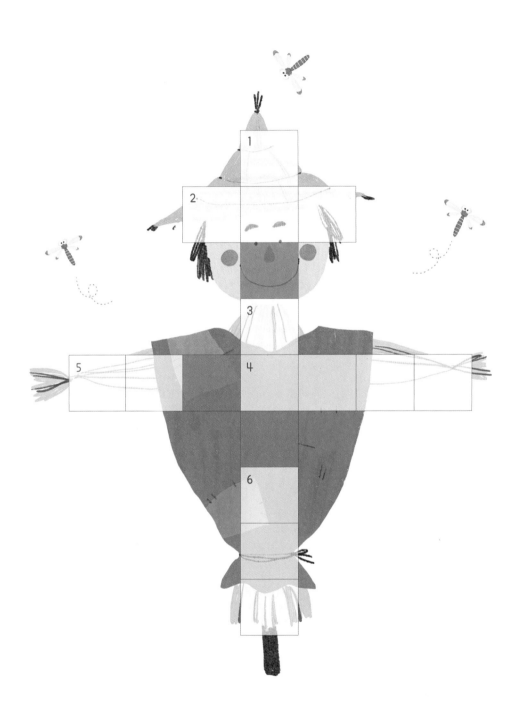

🔑 〈가로 열쇠〉

2 '힘내라'의 뜻으로 경기하는 선수를 격려하는 소리. (수학❹, 120쪽)

예) 우리 팀은 손을 모아 ○○○을 외쳤어요. 영 fighting

4 열매가 많이 매달려 있는 모양. (국어❹-가, 23쪽)

예) 감나무에 주홍빛 감이 ○○○○ 열렸어요.

5 북쪽을 향했을 때 서쪽. 좌측. (이웃❷, 31쪽)

예) 학교 ○○에는 도서관이 있고, 오른쪽에는 병원이 있어요. 반 오른쪽 영 left

🔑 〈세로 열쇠〉

1 사람이 태어나서 지금까지 살아온 햇수. (국어❹-가, 126쪽)

예) ○○의 높임말은 '연세'라고 해요. 영 age

3 여러 번 되풀이하여. 종종. (국어 활동❹-가, 95쪽)

예) 우리 집에 ○○ 놀러와. 반 가끔 영 often

6 뒷다리가 발달하여 잘 뛰는 곤충. 베짱이와 비슷함. (국어 활동❹-가, 94쪽)

예) 풀밭에서 ○○○가 폴짝폴짝 뛰어올라요. 영 grasshopper

〈거북 모양〉 낱말 퍼즐

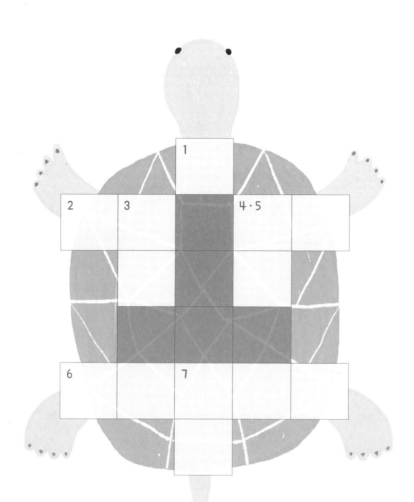

🔑 〈가로 열쇠〉

1 사람이나 동물이 음식물을 소화시키고 항문으로
내보내는 찌꺼기. (국어 활동❹-가, 116쪽)

예) 속담 ○ 묻은 개가 겨 묻은 개 나무란다. 영 poop

2 붉고 매운 열매 채소. (국어❹-가, 109쪽)

예) 속담 작은 ○○가 더 맵다. 영 chili

4 펴고 접을 수 있게 만들어 비가 올 때 쓰는 우비의 하나. (수학❹, 104쪽)

예) 비가 오는데 ○○ 가지고 가야지. 영 umbrella

6 청소하는 일을 직업으로 하는 사람. (이웃❷, 49쪽)

예) 길거리를 깨끗하게 청소하는 ○○○○○ 아저씨는 고마운 분이에요. 영 sweeper

🔑 〈세로 열쇠〉

3 가을에 익은 곡식을 거두어들임. (가을❷, 70쪽)

예) 이 밥은 가을에 ○○한 햅쌀로 지은 거야. 비 가을걷이 영 harvest

5 가락을 굵게 뽑은 국수의 하나. (수학 익힘❹, 12쪽)

예) 휴게소에서 가장 많이 팔리는 음식은 ○○, 라면, 호두과자래요. 영 noodles

7 남에게 마음이 편치 못하고 부끄러움. (국어 활동❹-가, 16쪽)

예) 약속을 못 지켜 정말 ○○해. 영 sorry

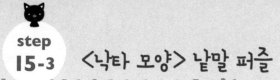

〈낙타 모양〉 낱말 퍼즐

🔑 〈가로 열쇠〉

1 노래나 음악의 길고 짧은 박자. (가을**2**, 23쪽)

예) 할머니는 장구 ○○에 맞추어 덩실덩실 춤을 추셨어요. ⑬ beat

3 점으로 이루어진 선. (수학**4**, 69쪽)

예) ○○을 따라 접은 뒤에 풀칠을 하면 주사위가 됩니다. ⑬ dotted line

7 말하고 있는 바로 이 때. (국어**4**—가, 46쪽)

예) ○○ 막 집에 도착했어. ⑬ now

🔑 〈세로 열쇠〉

2 가을에 붉고 누렇게 변한 식물의 잎. (가을**2**, 60쪽)

예) 노란 은행잎과 빨간 ○○○이 아름다워요. ⑬ maple leaf

4 수직으로 만나는 선. (수학**4**, 14쪽)

예) 곱셈식을 ○○○에 나타내어 보세요. ⑪ 수선 ⑬ vertical (line)

5 인간과 비슷한 형태를 가지고 걷기도 하고 말도 하는 기계 장치. (국어**4**—가, 50쪽)

예) 이 ○○은 명령에 의해서만 움직여요. ⑬ robot

6 고대 소설 흥부전의 주인공. (국어**4**—가, 53쪽)

예) 못된 놀부는 착한 ○○의 형이에요.

8 적은 분량. 약간. (국어**4**—가, 46쪽)

예) 밥이 너무 적어요. ○○만 더 주세요. ⑭ 많이 ⑬ little

Q. 산은 산인데 오르지 못하는 산은 뭐게?

A. 정답은 □□ 입니다. (힌트 : 15단계에 나오는 낱말이에요)

○ 물은 개가 겨 물은 개 나무란다.

A. 정답은 □ 입니다. (힌트 : 15단계에 나오는 낱말이에요)

다섯 고개 놀이

1. 동물인가요? 아니요, 식물입니다.

2. 꽃인가요? 아니요, 열매입니다.

3. 길쭉한가요? 예, 길쭉합니다.

4. 초록색인가요? 예, 처음에는 초록색이지만 익을수록 빨갛게 변합니다.

5. 매운맛이 나나요? 예, 매운맛이 납니다.

A. 정답은 ☐☐ 입니다. (힌트 : 15단계에 나오는 낱말이에요)

- - - - - - - - - - - - - - - - - - - 정 답 - - - - - - - - - - - - - - - - - - -

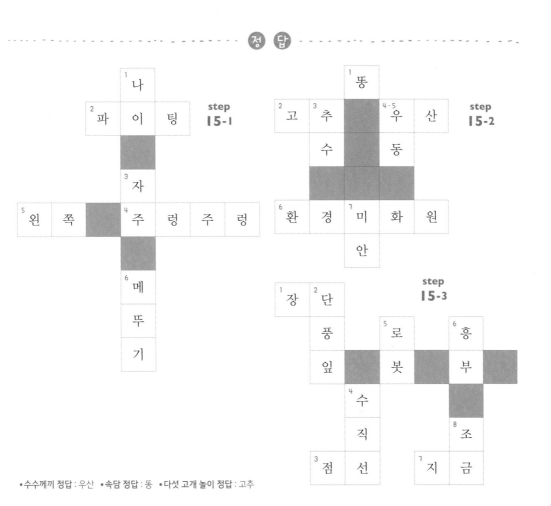

• 수수께끼 정답 : 우산 • 속담 정답 : 똥 • 다섯 고개 놀이 정답 : 고추

<오리 모양> 낱말 퍼즐

🔑 〈가로 열쇠〉

1 여동생이 손위의 오라비를 부르는 말. (국어❹−가, 151쪽)

　예) 나는 엄마를, ○○는 아버지를 빼닮았어요. 영 (older) brother

3 컴퓨터의 입출력 장치가 중앙 연산 장치와 직접 연결되어 작동되는
　상태에 있는 일. (수학 익힘❹, 45쪽)

　예) 악당이 우리 ○○○ 게임에 접속했어. 영 online

5 일만 이천이나 되는 봉우리가 유명한 강원도 북부에 있는 산.
　높이는 1,638m. (우리나라❷, 22쪽)

　예) 봄에는 ○○○, 여름에는 봉래산, 가을에는 풍악산, 겨울에는 개골산으로 불려요.

　　　영 Mt. Geumgang, Geumgangsan

🔑 〈세로 열쇠〉

2 다섯 쌍의 다리가 있고, 한 쌍의 촉완에 있는 빨판으로 먹이를 잡는
　연체 동물. (국어❹−나, 221쪽)

　예) ○○○는 적을 만나면 시커먼 먹물을 뿌리고 도망가요. 영 squid

4 증기로 익힌 국수를 기름에 튀겨서 말린 인스턴트 식품. (국어 활동❹−가, 60쪽)

　예) 배가 고파서 ○○을 끓여 먹었어요. 영 instant noodles

6 강제로 요구함. (국어❹−나, 265쪽)

　예) 어려운 부탁을 ○○하지 마세요. 영 coercion

〈사다리 모양〉 낱말 퍼즐

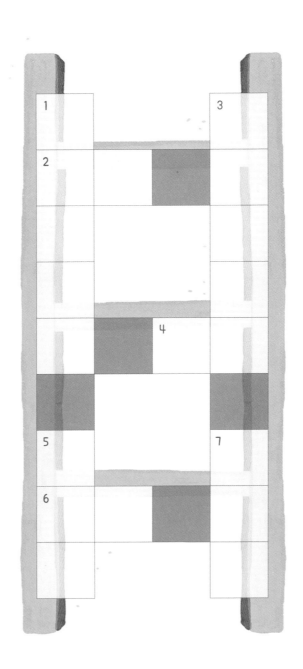

🔑 〈가로 열쇠〉

2 많은 것 가운데 가장 뛰어난 것. 최고. (국어 활동❹—나, 198쪽)

   예) *창덕궁의 ○○ 건물은 *인정전이지. ⟨반⟩ 꼴찌 ⟨영⟩ top

4 자기에게 가장 가까운 곳. (국어❹—나, 268쪽)

   예) ○○에도 없고 저기에도 없어요. ⟨비⟩ 이곳 ⟨영⟩ here

6 짐을 얹어 등에 지는 나무로 만든 기구. (국어❹—나, 271쪽)

   예) 나무꾼은 ○○를 지고 산에 나무하러 갔어요.

🔑 〈세로 열쇠〉

1 게으른 사람. (국어❹—나, 284쪽)

   예) 소가 된 ○○○○○. ⟨비⟩ 게으름쟁이 ⟨영⟩ lazybones

3 종이를 접어서 만든 비행기. (우리나라❷, 45쪽)

   예) 색종이로 ○○○○○를 접어 날렸어요. ⟨영⟩ paper airplane

5 순서상의 맨 끝. (국어❹—나, 263쪽)

   예) 처음이자 ○○○ 부탁이니 제발 들어 주길 바라. ⟨반⟩ 처음 ⟨영⟩ last

7 말의 새끼. (국어 활동❹—나, 208쪽)

   예) 아기 소를 송아지, 아기 닭을 병아리, 아기 말을 ○○○라고 불러요. ⟨영⟩ foal

---

* **창덕궁** : 조선 태종 때에 건립된 궁궐로 1997년 유네스코 세계 문화 유산으로 지정됨. 사적 제122호.

* **인정전** : 나라의 중요 행사를 하던 창덕궁의 정전으로 임금님의 생신이나 명절날 신하들이 임금님께
        인사를 드리던 곳.

🔍 〈가로 열쇠〉

1 예수의 탄생을 축하하는 날. (수학❹, 133쪽)

　예) 12월 25일은 ○○○○○ 날이에요. (비) 성탄절　(영) Christmas

4 뜻깊은 일을 오래도록 잊지 아니하고 마음속에 간직함. (국어❹-나, 234쪽)

　예) 오늘은 우리 엄마 아빠 결혼 ○○일이에요.　(영) commemoration

5 욕심이 많은 사람을 낮잡아 이르는 말. (국어❹-나, 285쪽)

　예) 욕심 많은 놀부는 ○○○○○예요.　(영) grabber

8 왼쪽에서 오른쪽으로 나 있는 방향이나 그 길이. (수학 익힘❹, 14쪽)

　예) 수학 익힘책은 ○○의 길이가 세로의 길이보다 더 짧아요. (반) 세로　(영) width

🔍 〈세로 열쇠〉

2 열의 두 배가 되는 수. (국어 활동❹-가, 17쪽)

　예) 열, ○○, 서른, 마흔, 쉰, 예순, 일흔, 여든, 아흔, 백. (비) 이십　(영) twenty

3 시간이 되면 나무로 만든 뻐꾸기가 문을 열고 나와 울게 만들어진 시계.

　(수학❹, 115쪽)

　예) 우리 집 ○○○○○가 '뻐꾹뻐꾹' 2시를 알렸어요.　(영) cuckoo clock

6 여러 번 반복하여 끊임없이. 자주. (국어❹-나, 225쪽)

　예) 수학 성적이 ○○ 떨어져서 고민이에요. (반) 가끔　(영) repeatedly

7 그리스 신화에 나오는 아름다움과 사랑의 여신. 로마 신화의 비너스.

　(국어 활동❹-나, 251쪽)

　예) ○○○○○는 바다의 거품에서 태어났어요.　(영) Aphrodite

Q. 세모난 모자를 쓰고 다리가 열 개 달린 것은 뭐게?

A. 정답은 □□□ 입니다. (힌트 : 16단계에 나오는 낱말이에요)

○○○도 식후경.

A. 정답은 □□□ 입니다. (힌트 : 16단계에 나오는 낱말이에요)

다섯 고개 놀이

1. 음식인가요? 예, 음식입니다.

2. 쌀로 만들었나요? 아니요, 밀가루로 만들었습니다.

3. 동그란 모양인가요? 아니요, 길쭉합니다.

4. 꼬불꼬불한가요? 예, 꼬불꼬불합니다.

5. 인스턴트 식품인가요? 예, 그렇습니다.

A. 정답은 ☐☐ 입니다. (힌트 : 16단계에 나오는 낱말이에요)

정 답

step 16-2

step 16-1

step 16-3

• **수수께끼 정답** : 오징어 • **속담 정답** : 금강산 • **다섯 고개 놀이 정답** : 라면

<화살표 모양> 낱말 퍼즐

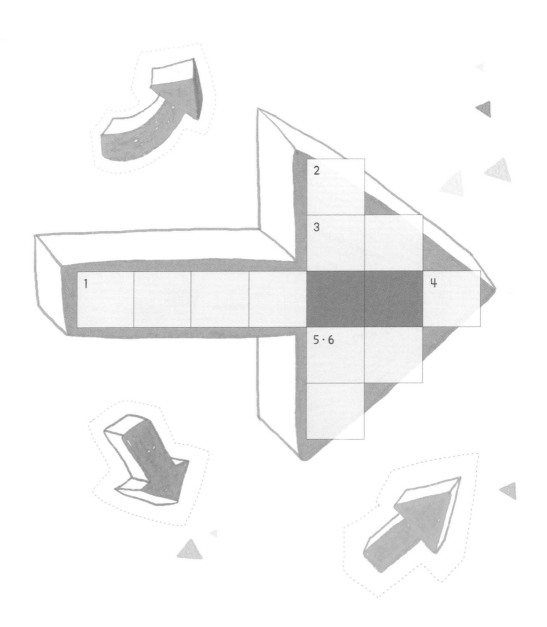

🔑 〈가로 열쇠〉

1 1미터의 100분의 1. 기호는 cm. (수학 익힘❹, 48쪽)

  예) 1미터는 100 ○○○○입니다. 영 centimeter

3 임금이 사는 집. (국어 활동❹-나, 192쪽)

  예) 임금님은 ○○에서 나라를 다스려요. 비 궁전 영 palace

4 머리에 붉은 *볏이 있고 날개는 *퇴화하여 잘 날지 못하는 새. (국어❹-나, 220쪽)

  예) 속담 ○ 잡아먹고 오리발 내민다. 영 chicken

5 추위를 막거나 장식을 위해 손에 끼는 물건. (겨울❷, 25쪽)

  예) 겨울에는 동상에 걸리지 않도록 손에 ○○을 껴요. 영 glove

🔑 〈세로 열쇠〉

2 세자가 사는 집. (국어 활동❹-나, 201쪽)

  예) 궁궐의 동쪽에 지어 ○○이라고 해요.

6 주로 어린아이들이 재미로 하는 짓. (겨울❷, 42쪽)

  예) 화내지 마, ○○으로 그런 거야. 영 fun

* **볏** : 새 따위의 이마 위에 세로로 붙은 살 조각.
* **퇴화** : 생물체의 기관이나 조직의 형태가 단순화되고 크기가 줄어드는 변화.

<사탕 모양> 낱말 퍼즐

＜가로 열쇠＞

3 조그맣게 자른 두꺼운 종이. (국어 활동❹-나, 215쪽)

  예) 낱말 ○○를 보며 한글 공부를 해요. ⑨ card

5 불을 피우는 화로. (겨울❷, 42쪽)

  예) 뜨거운 ○○ 주변에서 장난을 치면 안 돼요. ⑨ heater

＜세로 열쇠＞

1 풀을 베는 데 쓰는 'ㄱ'자 모양의 농기구. (국어❹-나, 274쪽)

  예) 속담 ○ 놓고 기역자도 모른다. ⑨ sickle

2 *낙숫물이 흘러내리다가 얼어붙어 길게 매달린 얼음. (겨울❷, 15쪽)

  예) *처마 끝에 달린 ○○○을 따서 칼싸움을 해요. ⑨ icicle

4 아이들이 가지고 노는 물건. (수학 익힘❹, 20쪽)

  예) 동생이 방 안에 ○○○을 잔뜩 어질러 놓았어요. ⑨ toy

6 곡식 가루를 쪄서 만든 음식. (국어❹-나, 268쪽)

  예) 어흥, ○ 하나 주면 안 잡아먹지. ⑨ rice cake

7 어느 편으로 치우치지 아니한 곳. 한가운데. (수학❹, 138쪽)

  예) 함께 쓰는 물건은 책상 ○○○에 놓아요. 반 가장자리 ⑨ center

* 낙숫물 : 처마 끝에서 떨어지는 물.

* 처마 : 지붕이 도리 밖으로 내민 부분.

〈회전의자 모양〉 낱말 퍼즐

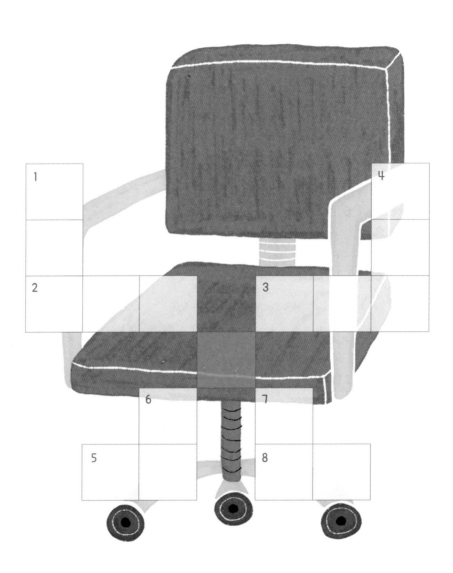

🔑 〈가로 열쇠〉

2 추위를 막기 위해 목에 두르는 물건. (겨울❷, 25쪽)

  예) 겨울에는 두꺼운 외투를 입고 ○○○를 둘러요. ⒝ 머플러 ⒢ muffler

3 곡식을 담는 짚으로 만든 용기. (수학❹, 169쪽)

  예) ○○○에 쌀을 가득 담았어요. ⒢ straw bag

5 한낮과 한밤이 지나가는 동안. 자정에서 다음 날 자정까지. (국어❹-나, 224쪽)

  예) ○○는 24시간이에요. ⒢ day

8 간절히 바라건대. (국어❹-나, 268쪽)

  예) 호랑이님, ○○ 목숨만 살려 주세요. ⒝ 부디 ⒢ please

🔑 〈세로 열쇠〉

1 나가고 들고 하는 길목. (국어 활동❹-나, 266쪽)

  예) 서울의 ○○○에는 차가 많이 다녀요. ⒢ interchange

4 짐승이나 새의 등마루를 이루는 뼈의 끝 부분. (국어❹-가, 151쪽)

  예) 동생은 엄마 ○○○를 졸졸 따라다녀요. ⒝ 꽁지 ⒢ tail

6 바닥에 널빤지를 깔아 놓은 곳. (국어❹-나, 224쪽)

  예) 도둑은 ○○ 밑에 숨어 있었어요. ⒢ floor

7 답을 요구하는 물음. (국어 활동❹-나, 248쪽)

  예) 수학 ○○가 어려워요. ⒝ 해답 ⒢ question

Q. 거꾸로 자라는 것은 뭐게?

A. 정답은 □□□ 입니다. (힌트 : 17단계에 나오는 낱말이에요)

○ 쫓던 개 지붕 쳐다보듯.

A. 정답은 □ 입니다. (힌트 : 17단계에 나오는 낱말이에요)

1. 학용품인가요? 아니요, 농기구입니다.

2. 땅을 팔 때 쓰나요? 아니요, 풀을 벨 때 씁니다.

3. 쇠와 나무로 만들었나요? 예, 그렇습니다.

4. 톱니바퀴처럼 생겼나요? 아니요, 끝이 날카롭습니다.

5. 'ㄱ'자처럼 생겼나요? 예, 그렇습니다.

A. 정답은 ☐ 입니다. (힌트 : 17단계에 나오는 낱말이에요)

정 답

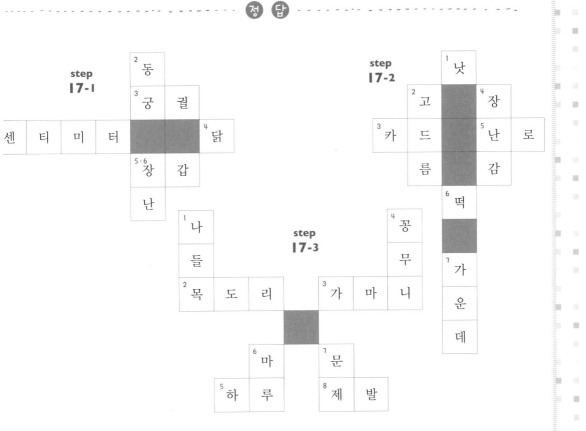

• 수수께끼 정답 : 고드름 • 속담 정답 : 닭 • 다섯 고개 놀이 정답 : 낫

<전봇대 모양> 낱말 퍼즐

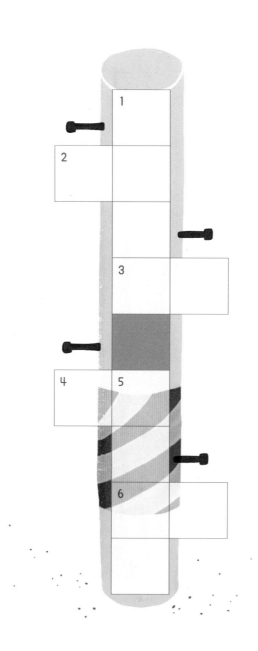

〈가로 열쇠〉

2 사람이 살고 있는 땅덩어리. (우리나라**②**, 58쪽)

　예) 수성, 금성, ○○, 화성, 목성, 토성은 태양 주위를 도는 주요 행성이에요. 영 earth

3 음식을 차리는 데 쓰는 상. (국어**④**—나, 220쪽)

　예) 아침 ○○ 차려놓았으니 먹고 가. 영 table

4 수효를 세는 맨 처음 수. (수학**④**, 66쪽)

　예) ○○만 알고 둘은 모른다. 비 일 영 one

6 물건의 값. (수학**④**, 20쪽)

　예) 학용품 ○○이 모두 얼마예요? 영 price

〈세로 열쇠〉

1 논이나 연못 등의 물에 떠서 자라는 작은 풀잎. 부평초. (국어 활동**④**—나, 280쪽)

　예) ○○○○은 개구리가 먹는 밥이 아니에요. 영 duckweed

5 나무의 줄기에서 뻗어 나가는 가지. (수학**④**, 66쪽)

　예) ○○○○를 꺾으면 나무가 아파요. 영 branch

〈가로 열쇠〉

1 자기 나라 밖의 다른 나라. 해외. (우리나라❷, 44쪽)

예) 우리나라를 방문하는 ○○인들에게 친절해야 해요. (반) 내국 (영) foreign

3 산이나 언덕 따위가 기울어진 곳. (수학❹, 202쪽)

예) 할아버지는 뒷산의 ○○을 일구어 사과나무를 심었어요. (비) 산기슭 (영) hill

5 심한 추위로 살갗이 얼어서 상함. (겨울❷, 25쪽)

예) 발이 ○○에 걸리지 않도록 털신을 신어요. (영) frostbite

〈세로 열쇠〉

2 소와 말을 기르는 곳. (국어❹-나, 286쪽)

예) 닭장 속에는 암탉이 있고, ○○○에는 송아지가 있어요. (영) barn

4 비밀로 하는 번호. (수학❹, 9쪽)

예) ○○○○ 네 자리수를 눌러 주세요. (영) password

6 동그랗게 생긴 모양. (국어❹-나, 214쪽)

예) 종이 위에 세모, 네모, ○○○○ 모양을 그렸어요. (영) circle

7 눈을 뭉쳐서 사람 모양으로 만든 것. (겨울❷, 14쪽)

예) 한겨울에 밀짚모자 꼬마 ○○○. (영) snowman

<계단 모양> 낱말 퍼즐

♀ 〈가로 열쇠〉

1 종이를 네모나게 접어 만든 장난감의 하나. (겨울❷, 51쪽)

예) 옛날 아이들은 겨울에 제기차기와 ○○치기를 하며 놀았어요.

3 정성으로 내는 돈. (수학❹, 18쪽)

예) 불우 이웃 돕기 ○○을 내었어요. 영 donation

5 밤 12시부터 낮 12시까지의 시간. (수학 익힘❹, 73쪽)

예) 오늘 수업은 ○○ 9시에 시작해서 오후 3시에 끝나요. 반 오후 영 morning

7 국악에서 쓰는 타악기의 하나. 통의 허리가 잘록하며 채로 통을 두드려 소리내는 악기. (가을❷, 64쪽)

예) 사물놀이 악기는 꽹과리, ○○, 북, 징 이렇게 네 가지예요.

♀ 〈세로 열쇠〉

2 닥나무의 껍질을 원료로 하여 만든 우리나라 고유의 종이. (겨울❷, 51쪽)

예) 옛날 사람들은 ○○로 부채와 연을 만들었어요.

4 돈을 모음. 저축. (수학❹, 12쪽)

예) 나와 동생은 ○○을 하러 은행에 갔어요. 영 saving

6 구리로 만든 돈. (수학 익힘❹, 85쪽)

예) 100원짜리 ○○ 앞면에는 이순신 장군의 얼굴이 새겨져 있어요. 영 coin

8 잘 모르는 사람을 가리키는 말. (수학 익힘❹, 9쪽)

예) 당신은 ○○십니까? 영 who

Q. 햇볕만 쬐면 죽는 사람은 뭐게?

A. 정답은 □□□ 입니다. (힌트 : 18단계에 나오는 낱말이에요)

소 잃고 ○○○ 고친다.

A. 정답은 □□□ 입니다. (힌트 : 18단계에 나오는 낱말이에요)

다섯 고개 놀이

1. 학용품인가요? 아니요, 악기입니다.

2. 서양 악기인가요? 아니요, *국악기입니다.

3. 쇠로 만들었나요? 아니요, 나무와 가죽으로 만들었습니다.

4. 허리가 잘록한가요? 예, 잘록합니다.

5. '덩더쿵' 소리가 나나요? 예, 그렇습니다.

A. 정답은 ☐☐ 입니다. (힌트 : 18단계에 나오는 낱말이에요)

* **국악기** : 우리나라 고유의 음악에 쓰는 기구를 통틀어 이르는 말.

⊙ 정 답 ⊙

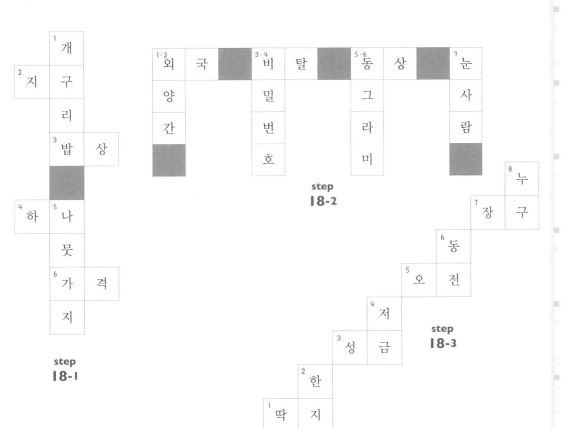

step
18-1

step
18-2

step
18-3

•**수수께끼 정답** : 눈사람 •**속담 정답** : 외양간 •**다섯 고개 놀이 정답** : 장구

엮은이 정명숙

서울 교대, 명지대 대학원 문예 창작학과 졸업.
〈아동 문예〉 동화 당선으로 작품 활동을 시작하였으며,
한국 문학 예술상, 올해의 자랑스러운 동요인상, 한인현 글짓기 지도상을 수상했다.
주요 작품으로는 〈자신감 있는 아이로 키우는 WHY 대화법〉〈누가 우리 쌤 좀 말려줘요〉
〈재미있고 똑똑한 100점 받아쓰기〉〈가로 세로 교과서 낱말 퍼즐 ①, ②, ③〉
〈내 에티켓이 어때서!〉 등이 있다. 현재 유석 초등 학교 교감으로 재직 중이다.

1·2학년 개정 교과서에서 쏙쏙 뽑은
★ ★
가로 세로 교과서 낱말 퍼즐 1

2014년 2월 20일 초판 1쇄 발행
2020년 5월 15일 초판 6쇄 발행

엮은이   정명숙
그린이   권석란
펴낸이   김병준
펴낸곳   (주)**지경사**
주 소   서울특별시 강남구 논현로 71길 12
전 화   02)557-6351(대표) 02)557-6352(팩스)
등 록   제10-98호(1978. 11. 12)

© (주)지경사, 2014년 printed in Korea.
편집 책임 한은선 | **편집 진행** 이주연 | **디자인** 이수연

ISBN 978-89-319-2492-3 63710